本书出版幸承2016年国务院足球改革发展部际联席会i
"中国足球实现俱乐部地域化及逐步实现名称非企业位
（项目编号：2016-9）的资助。

中国足球俱乐部
地域化及名称非企业化的理论与政策研究

Research on the Theory and Policy of
Regionalization and Non-Enterprise Name of Chinese Football Clubs

钟秉枢　郑晓鸿 等 著

科学出版社
北　京

内 容 简 介

1994 年以来，围绕着中国足球俱乐部的转让、迁移、解散、破产多达 200 余次，造成了我国足球资源的浪费和足球联赛的动荡，导致球迷忠诚度下降，球迷流失，阻碍了球队文化的培养和品牌的塑造，降低了俱乐部的市场效益，甚至造成职业足球联赛市场混乱。

本书通过文献资料、专家访谈、逻辑分析等方法，采用 PEST 分析模型，对中国职业足球俱乐部地域化和名称非企业化发展现状、国外职业足球俱乐部地域化和名称非企业化发展经验、实现我国足球俱乐部地域化和名称非企业化的条件及所需政策进行了分析与探讨。研究得出：中国足球实现俱乐部地域化及逐步实现名称非企业化的核心是社区认同、股权重构。

本书适合足球运动管理者、职业足球俱乐部经营者、职业足球相关问题研究人员及关心足球发展的所有读者阅读与参考。

图书在版编目（CIP）数据

中国足球俱乐部地域化及名称非企业化的理论与政策研究/钟秉枢等著. —北京：科学出版社，2019.11
　　ISBN 978-7-03-062571-7

Ⅰ. ①中⋯　Ⅱ. ①钟⋯　Ⅲ. ①足球运动–俱乐部–研究–中国
Ⅳ. ①G843.62

中国版本图书馆 CIP 数据核字（2019）第 213855 号

责任编辑：王英峰　乔艳茹 / 责任校对：何艳萍
责任印制：徐晓晨 / 封面设计：正典设计

科 学 出 版 社 出版
北京东黄城根北街 16 号
邮政编码：100717
http://www.sciencep.com

北京虎彩文化传播有限公司 印刷
科学出版社发行　各地新华书店经销
*
2019 年 11 月第 一 版　　开本：720×1000　B5
2020 年 6 月第二次印刷　　印张：13 1/2
字数：195 000
定价：88.00 元

 前　言

　　2017 年 10 月 18 日，党的十九大提出，经过长期努力，中国特色社会主义进入了新时代。十九大还提出，到 2035 年，我国将基本实现社会主义现代化，到 21 世纪中叶，我国将建成富强民主文明和谐美丽的社会主义现代化强国。足球梦与中华民族伟大复兴的中国梦紧密相连。《中国足球中长期发展规划（2016—2050 年）》提出，到 2030 年，中国足球影响力更大：职业联赛组织和竞赛水平达到亚洲一流，国家男足跻身亚洲前列，女足重返世界一流强队行列，体育大国形象得到进一步提升。以此为基础，我们要全力实现到 2050 年成为足球一流强国的目标，以实现中国足球全面发展，共圆中华儿女的足球梦想，为世界足球运动做出应有贡献。然而，中华民族的伟大复兴，绝不是轻轻松松就能实现的。为实现中国足球的振兴我们必须付出更为艰苦的努力，必须进行一系列的改革。推动实现俱乐部的地域化，鼓励具备条件的俱乐部逐步实现名称的非企业化就是改革任务之一。

　　2015 年 3 月 16 日，由国务院办公厅印发的《中国足球改革发展总体方案》明确提出要推动实现俱乐部的地域化，鼓励具备条件的俱乐部逐步实现名称的非企业化，努力打造百年俱乐部。由此，"职业足球俱乐部地域化与名称非企业化"由我国官方文件首次正式提出。2016 年 4 月 6 日国家发展和改革委员会（简称国家发改委）等部委发布的《中国足球中长期发展规划（2016—2050 年）》明确将"推动俱乐部的地域化和名称的非企业化"列入"十三五"足球体制改革攻坚工程。

　　地域化与名称非企业化是国外百年俱乐部的特点之一。英格兰足球

超级联赛 160 个职业足球俱乐部中 40 个俱乐部的历史在百年以上，俱乐部多以地名或以特定意义命名，从俱乐部的名称很难看出主赞助商或者投资者的背景、经营范围等。日本职业足球联赛（简称 J 联赛）劲旅浦和红钻足球俱乐部董事长兼总经理渊田敬三曾说："我们球队的理念，是要与所在地区共享幸福，以社会一员的身份，致力于辅助青少年的成长，为当地市民、社区提供完善的休闲娱乐场所，成为埼玉市通往世界的窗口。"[①]由此，职业足球俱乐部的成长与本土的现有资源以及未来发展息息相关，职业足球俱乐部的发展已与所在城市的成长密不可分，职业足球俱乐部逐步成为城市独具特色的体育文化内容，同时也成为球迷以及当地居民地域归属感的载体[②]。

20 世纪 80 年代末，为顺应国家建立社会主义市场经济体制的改革形势，提升中国足球的水平，中国足球开始准备建立职业俱乐部体制，启动足球职业联赛，推进足球职业化进程，并以此作为中国体育体制改革的突破口。但 30 多年过去了，作为中国足球职业化基础的职业足球俱乐部还没有真正建立起来，俱乐部迁址和易名的现象频发，除了区域内的整合重组之外，还有区域间的迁移[③]。自 1994 年中国足球职业化以来，俱乐部的转让、迁移、解散、破产达 200 多次，同一职业球队甚至出现四度易主的现象[④]，过多跨地区转让造成我国足球资源的浪费和足球联赛的动荡，导致球迷忠诚度下降，球迷流失，阻碍球队文化的培养和品牌的塑造，降低俱乐部的市场效益，甚至造成职业足球联赛市场混乱。为解决这一问题，2015 年 10 月中国足球协会（简称中国足协）出台的关于俱乐部转让的新规禁止俱乐部跨省域转让，而且禁止以地市命名的俱乐部跨地市转让[⑤]。中国足协主席蔡振华更是要求：2016 年是

① 梁建. 打造百年俱乐部的秘密. http://finance.huanqiu.com/roll/2015-11/7912254.html[2015-11-05].
② 马淑琼. 基于球迷认同的我国职业足球俱乐部本土化建设研究. 上海体育学院硕士学位论文，2014.
③ 陈昆仑，唐婉珍，李军，等. 中国顶级职业足球俱乐部的时空分布（1994—2013）：动力和机制.天津体育学院学报，2016，31（2）：99.
④ 引自长春亚泰足球俱乐部调研记录.
⑤ 中国足协将禁止球队跨地域转让. http://money.163.com/15/1127/14/B9ED29P100253B0H.html[2015-11-27].

中国足球改革深化之年，要在职业足球俱乐部建设上"着重推动实现俱乐部的地域化和名称非企业化"①。

目前，对职业足球俱乐部地域化的研究并不丰富，相关研究散见于足球地域文化、不同地域足球打法、俱乐部本土化等领域。名称非企业化研究更多是以俱乐部品牌建设为出发点，论述俱乐部品牌与名称之间的关系，缺乏深入系统的研究。本书采用 PEST 分析方法，系统分析我国职业足球俱乐部地域化特征与名称特点，对比英国职业足球俱乐部地域化与名称非企业化的经验，研究我国实现职业足球俱乐部地域化及名称非企业化所需要的政治、经济、社会、文化和技术条件，提出我国职业足球俱乐部地域化及名称非企业化需要完善的政策体系，填补了研究空白。在研究视角上，以往对足球职业化的研究，多从体制改革、联赛制度和青少年足球训练（简称青训）体系等单视角进行，对体育职业化的研究虽有发展环境等的宏观分析，但未能体现足球项目的特点，本书将政治、经济、社会、文化、技术等宏观分析与我国足球职业化特点微观分析有机结合，论述职业足球俱乐部地域化和名称的非企业化，为实现我国职业足球俱乐部地域化及逐步实现名称非企业化提供理论依据及政策建议，为我国职业足球发展相关制度和政策的制定提供理论支持，对解决我国职业足球俱乐部建设发展中的现实问题和保障我国足球职业化改革顺利进行均具有重要意义。在研究时间段上，主要分析了2014—2016 年我国相关职业足球俱乐部的基本情况。

参与调研和写作本书的过程，也是我们对中国职业足球俱乐部地域化与名称非企业化研究的认识不断深化的过程，在此过程中得到了许多人的帮助。感谢国务院足球改革发展部际联席会议办公室常务副主任李毓毅，办公室工作人员郭潇、岳颖峰，中国足协常务副主席兼秘书长张剑，中国足协规划法务部主任朱和元，中国足协职业联赛理事会执行局副局长李立鹏，他们不断传达上级领导的指示精神，反馈俱乐部的需求

① 胡雪蓉，杨磊. 足改一周年成果亮出来 蔡振华：改革取得重大成果. http://sports.people.com.cn/n1/2016/0229/c22134-28156815.html[2016-02-29].

和意见,为本书框架结构的形成及调研结果的深入分析提供了许多富有启发性的意见和建议,为本书的成稿做出了巨大贡献。此外,我们参考借鉴了许多体育专家、学者对职业足球俱乐部地域化与名称非企业化的研究成果。在此,一并表示感谢。

由于笔者水平和时间所限,书中难免有不足之处,敬请读者批评指正。

钟秉枢

2017 年 10 月

目 录

第一章
导 论

进入 20 世纪 90 年代以来，中国足球俱乐部转让、迁移、解散、破产达 200 余次，造成我国足球资源的浪费和足球联赛的动荡，导致球迷忠诚度下降、球迷流失，阻碍球队文化的培养和品牌的塑造，降低俱乐部的市场效益，甚至造成职业足球联赛市场混乱。《中国足球改革发展总体方案》明确提出："推动实现俱乐部的地域化，鼓励具备条件的俱乐部逐步实现名称的非企业化。"《中国足球中长期发展规划（2016—2050）》将"推动俱乐部的地域化和名称的非企业化"列入"十三五"足球体制改革攻坚工程。为此，本书将对中国职业足球俱乐部地域化与名称非企业化问题进行研究，对中国职业足球俱乐部地域化与名称非企业化发展现状、国外职业足球俱乐部地域化与名称非企业化发展经验、实现我国职业足球俱乐部地域化与名称非企业化的条件以及所需政策进行分析与探讨。

相关研究显示，我国职业足球俱乐部地域性特征和名称特点的主要表现为：①东部是我国职业足球俱乐部的聚集地域，但中部地区数量呈逐渐上升态势；我国职业足球俱乐部在 1.5 线城市①分布最多，越发达的城市其职业足球俱乐部的密度越高；俱乐部的跨地域迁移都发生在中国足球协会甲级联赛（简称中甲）俱乐部，迁移目标为经济发达或者无职业足球俱乐部地域。②我国职业足球俱乐部本地域球员平均比例为 30%，低于国际水平，且近年中国足球协会超级联赛（简称中超）本地域球员数量呈下降趋势；排名靠前的中超俱乐部本地域球员数量较少，球员本地域化程度越高的球队在中超职业联赛中反而处于劣势地位；老牌俱乐部本地域球员比例整体高于中超平均水平。③现阶段我国职业足球俱乐部的名称具有很强的地域性特点，名称都是地域冠名在前，大多数是在其后辅以企业化标志特点的名称，其后辅以非企业化名称的只有少数几家；在地域表述方面，以所在城市为主体，少部分为所在城市上级的省（自治区、直辖市）；在企业化标志特点的名称方面，主投资商

---

① 1.5 线城市是 2012 年新增加的城市类别，是 2012 年 3 月发布的《中国新兴城市 50 强》报告中提出的。报告中将重庆、苏州等 9 个城市评为中国 1.5 线城市，引起各方高度关注。

的品牌名称多以俱乐部名称的后置形式出现；非企业化名称的职业俱乐部绝大多数出现在中甲俱乐部。④我国职业足球俱乐部主投资商整体是以本地域投资商为主，主动投资外地域俱乐部的企业多数是为了借助足球项目提高企业的品牌知名度或开发新的产业链；被动投资外地域俱乐部的企业是由于原地域竞争激烈或者资金不足而搬迁，致使自身成为跨地域投资商。

　　对英国职业足球俱乐部地域化与名称非企业化的借鉴主要体现在：①英国职业足球俱乐部的地域化和名称非企业化得益于政府在金融、财政等多个方面的政策手段和管理体制，对职业足球产业的发展进行调整、规范和指导，建立了完善的职业足球产业管理体制，包括建立公司制的职业体育联盟、由董事会聘任经理人进行商业推广、市场化运作和管理的十级联赛、审批政策宽松的有限责任公司形式的俱乐部、包括11 个转播产品包的联盟所有联赛版权、产权俱乐部所有的比赛场馆。②英国人均 GDP 处于世界前列，足球运动参与者、爱好者稳定的经济条件和相对充足的业余时间奠定了英国职业足球俱乐部地域化发展的基础，使得足球运动在群众中得以普及和发展，2014—2015 赛季英格兰足球超级联赛（简称英超）对英国 GDP 的贡献达到 33.6 亿英镑，提供了 10 万个全职工作岗位，其中税收贡献 24 亿英镑[①]。③英国职业足球俱乐部所采用的经营模式是"公司治理"，遵守公司法和法人治理规则，加强对支持者和地方社区作为主要股东的收入分配，以利润为发展导向，为俱乐部繁荣发展提供扩大经济利益的渠道。④英国职业足球俱乐部的地域化和名称非企业化发展根植于国家历史文化的深处，英国工业革命使足球发展获得了极好的物质基础和庞大的消费人口，在现代大学、媒体、社区、教会等因素的综合推动下，足球成为英国本土最受欢迎的体育项目，带着英格兰、苏格兰、威尔士、爱尔兰等各民族的特点不断发展壮大，深入民心。⑤英国职业足球俱乐部形成了由所在地居民支持、足球场所支撑的地域性发展模式，俱乐部地域化与名称非企业化

---

① 1 英镑约合人民币 9.6 元，按 2014—2015 年平均汇率计算。

容易识别又具有个性,很难看出其主赞助商或者投资者的背景、经营范围等,有利于引起本地支持者的情感共鸣。⑥足球运动为社区人群带来了教育、健康及安定和谐等相关帮助,社区成为英国职业足球俱乐部公共服务的主要受益者,社区球迷和俱乐部形成的犹如"家人"般的关系让俱乐部逐渐拥有了支持者,社区人群在俱乐部发展历程中成为最可信赖的球迷群体,维护和传承着俱乐部历史、文化,是俱乐部发展的基石。⑦俱乐部主场建设成为比赛安全保障、球队商业运营、赛事营销转播、球场服务等多重体系中的关键环节,也是英国职业足球俱乐部地域化的一个重要组成部分,驱动了本地足球赛场投资建设持续发展,吸引更多球迷观看欣赏足球赛事,同时能促进所在区域社区的经济、社会、文化、教育的共同发展。⑧通过智能科技手段,足球俱乐部形成以市场为导向的基于互联网和物联网的营销策略,从更深层次上有效地对球迷们的需求进行理解和分类,为赞助厂商们提供各种量体裁衣式的赞助项目,为比赛指挥、队员训练、球员购买提供帮助,提高球队比赛成绩,提升足球俱乐部的品牌价值,也促使俱乐部更加依赖当地大学和科研机构的支持,在一个主场逐渐扎根。⑨英国职业足球发展经验给我们的启示是:在管理上创新中国特色足球发展模式,政府按照市场经济发展规律,通过恰当的政策调节服务于职业足球产业的发展;在竞赛体系设计上逐步形成赛制稳定、等级分明、衔接有序、遍及城乡的竞赛格局;在赛事转播上实现足球赛事电视转播权有序竞争,创新足球赛事转播和推广运营方式;在俱乐部发展中明确俱乐部股权结构,完善俱乐部法人治理结构,加快现代企业制度建设;在足球社区建设上俱乐部需要为社区服务,使社区成为足球俱乐部公共服务的主要受益者;在场地建设中鼓励俱乐部所在地政府以足球场馆等资源投资入股,使主场在一个区域扎根下来,促进所在区域社区的经济、社会、文化、教育的共同发展。

我国职业足球俱乐部地域化与名称非企业化的实现条件为:①实现职业足球俱乐部地域化和名称非企业化要求实行去行政化的管理体制,政府及其下属行政机关应该对职业足球的发展仅进行业务上的指导,且需要给予必要的配套制度与政策支持以使地方足球协会有效运行。在管理体制上，需要建立有效的俱乐部管理体制，使不同级别、不同类别的足球联赛紧密结合，保障足球发展具有自下而上的基础；在俱乐部管理上，需要明确俱乐部作为独立公司法人的法律地位，使其自主经营、自负盈亏、自我发展；在联赛运营上，需要建立协会管理下的公司制"中国职业足球联盟"，聘任经理人对联赛的商业推广进行市场化运作和管理；在商业开发权益上，需要明确协会与俱乐部各自的权力范畴，给予俱乐部必要的市场经营和开发空间；在政策措施上，对职业联赛和俱乐部按准公益属性认定，在税收、安保、场地等各个方面给予政策和资金上的倾斜。②我国职业足球俱乐部所在城市经济发展状况为俱乐部的发展提供了良好的条件，这些城市已经具备发展职业足球的经济条件。但我国职业足球产业规模较小，职业足球俱乐部市场开发空间有限，不能实现更大规模的投融资，对当地经济影响不大，尚未融入当地经济发展，制约了俱乐部地域化和名称非企业化。③我国职业足球俱乐部地域化和名称非企业化已具备一定的社会文化基础，但我国足球俱乐部性质为在工商部门注册的公司，名称整体为地名+投资商的形式。职业化伊始便采用的企业化名称形式一直延续至今，没有深深植入城市发展的足球社会文化建设，没有跟人们的生活紧密联系，尚未形成当地学校、媒体、社区、居民等积极参与，足球场所配套支撑的地域性发展；职业足球俱乐部承担的社会责任不够，本地域球迷支持度整体偏低；职业足球俱乐部的地域化和名称非企业化需要的俱乐部与校园足球、社区足球，与所在地区教育和社区的结合还没有有效建立。④我国职业足球俱乐部股东数量少、控股股东股权比例大、老牌俱乐部呈现出股权集中趋势、控股股东多为企业性质、俱乐部老板的跨界投资与经营，使得俱乐部名称呈现出很强的企业化名称倾向，易名后的俱乐部在名称方面企业化特征更加明显。由此必须进行俱乐部股权改革：避免投资由单一集团掌控，避免单一领域投资；由政府、企业、商户、基金会和个人进行多元化投资；政府以其投资公司或以场馆等资源入股，企业或个人以购买俱乐部股份等方式入股。只有通过多元化投资，实现职业足球俱乐部的地域化与名称非企业化，职业足球俱乐部才能与地区经济和社会发展紧密结合，对投资人进行分化，摆脱外部企业对俱乐部的控制，形成合理的股权结构，增强俱乐部品牌的延续性，给俱乐部带来打造强势品牌的压力与动力。⑤目前我国各职业足球俱乐部都有球员梯队，但梯队年龄断档、投入经费不足。职业足球俱乐部的地域化和名称非企业化需要以体教结合的方式加大对当地人才的培养力度。⑥目前绝大部分职业足球俱乐部是租用当地政府的体育场，租用的临时性阻碍了俱乐部长期、固定的投入和开发，而且租用场地质量也难以保证。职业足球俱乐部的地域化和名称非企业化需要足球协会（简称足协）、俱乐部（没有主场的俱乐部）与地方政府协商，使政府利用场地以干股形式入股俱乐部。

中国足球实现俱乐部地域化及逐步实现名称非企业化的政策体系需要完善的地方如下：①我国职业足球俱乐部名称全部以地域为首，可以说在名称上体现了地域化，但要实现俱乐部地域化还需要统筹俱乐部的区域布局，避免局部区域内的激烈竞争；立足区域的人文因素，实现人力资源、品牌文化、联赛产品、营销管理、技术战术风格和俱乐部服务的本土化；考虑直接作用于俱乐部的区域内政治、经济、社会、文化、技术等因素。②我国职业足球俱乐部的名称在地域名之后基本上冠以主要投资商名称，冠以非企业化名称的只有少数几家，实现名称非企业化需要一个过程，过程的长短取决于《中国足球改革发展总体方案》中"促进俱乐部健康稳定发展"和"优化俱乐部股权结构"要求的落实进程。③实现俱乐部地域化和逐步实现名称非企业化发展所需政策体系的完善分为对现有法规、政策的补充和修改，增加需要的法规和政策，以及必须加大现有政策执行力度三大部分。第一部分为进一步完善《中国足球协会超级联赛委员会章程》《中国足球协会职业俱乐部准入规程》《中国足球协会球员身份与转会管理规定》《中国足球协会关于中超俱乐部产权转让的规定》等政策；第二部分为制定职业足球产业政策和赛场环境相关法律法规，以及中国足球改革配套政策等；第三部分为必须加大俱乐部产权转让方面法规、俱乐部产权变动与易名方面法规、俱乐部地域变化与易名方面规定等现有政策的执行力度。

推进实现职业足球俱乐部地域化及逐步实现名称非企业化的建议为：①加强俱乐部主场建设及俱乐部文化建设。俱乐部主场场地及文化建设必须有地方政府的积极参与与大力支持，甚至是主导。国务院足球改革发展部际联席会议办公室（简称国务院足改办）、足协应该协同国家、地方相关部门联合出台或完善有关足球场地及文化建设、使用运营、管理维护等方面的管理规定。随着足球产业不断发展，适时调整与完善相关政策，逐步过渡到以市场为主导的足球发展模式。②深入学习英超俱乐部品牌建设理念及无形资产开发策略。把职业足球俱乐部主场建设作为比赛安全保障、球队商业运营、赛事营销转播、球场服务等多重体系中的关键环节，使其成为职业足球俱乐部地域化和名称非企业化的一个重要组成部分，驱动本地足球赛场投资建设持续发展，吸引更多球迷观看与欣赏足球赛事，同时促进所在区域社区的经济、社会、文化、教育的共同发展。③提供政策保障及资金投入。我国职业足球俱乐部文化建设不够，没有深深植入城市发展，没有与人们的生活紧密联系，尚未形成当地学校、媒体、社区、居民等积极参与、共同发展的局面。所有这些都需要足协与地方政府积极协调，充分协商，在财政投入、文化建设、媒体宣传支持、税收、安保、场地等各个方面给予政策和资金上的倾斜。④出台及落实相关政策。足球改革方案中促进俱乐部健康稳定发展、优化俱乐部股权结构的相关目标任务已经非常明确，需要根据足球改革方案逐条专项研制出台相关政策，尽快试点，落实足球改革方案中的目标任务。例如，研制出台相关足球协会管理体系政策文件，逐步形成覆盖全国、组织完备、管理高效、协作有力、适应现代足球管理运营需要的协会管理体系；研制出台优化俱乐部股权结构相关政策，完善俱乐部法人治理结构，加快现代企业制度建设，努力打造百年俱乐部；研制职业足球俱乐部主场发展规划并尽快实施。⑤明确地域差异,因势利导。区别化对待不同地域的足球俱乐部,研究总结不同地域的发展经验,促进全国各地域俱乐部均衡发展,形成良好的比赛环境与竞争格局,并形成自主且有创造性的具有明显地域特色的发展模式。

第二章
我国职业足球俱乐部地域性
特征与名称特点

第一节　现阶段我国职业足球俱乐部的地域性特征①

一、我国职业足球俱乐部的地域布局现状

（一）我国职业足球俱乐部的地理格局特点

表 2-1 是按照我国传统的"东部—中部—西部"地理格局对我国职业足球俱乐部分布地域进行的划分。从表 2-1 可见，我国职业足球俱乐部在东部地区较多，占到总体的 63.5%，从中部到西部所占比例呈越来越小的趋势，整体体现出地域分布不均衡的特点。中超俱乐部与中甲俱乐部相比，同样为 16 支队伍，中超俱乐部在东部的比例高于中甲俱乐部，而中甲俱乐部在中部与西部的分布比例则高于中超俱乐部，但同样显示出在东部地区分布较多的特点。

表 2-1　我国职业足球俱乐部地域分布（2014—2016 年）

地域	中超俱乐部		中甲俱乐部		合计	
	频次	比例/%	频次	比例/%	频次	比例/%
东部地区	34	70.8	27	56.3	61	63.5
中部地区	10	20.8	14	29.2	24	25.0
西部地区	4	8.4	7	14.5	11	11.5
合计	48	100.0	48	100.0	96	100.0

根据陈昆仑等学者的研究（表 2-2），中国顶级职业足球俱乐部的城市分布在空间上呈现出明显的总体不均衡和局部集聚特征。中国顶级职业足球俱乐部在单赛季普遍存在单个城市集聚的现象，但在 1994—

---

① 本书中各俱乐部（球队）以及公司名称均为本研究时间段内名称。

2013 年总体分布上呈现出明显的离散状态①。从职业化初期至近期，东部地区是顶级职业足球俱乐部密集地区，比例始终在 70%以上。整体而言，我国顶级职业足球俱乐部在东部地区与西部地区的出现频次显现出向中部扩散的趋势，中部的顶级职业足球俱乐部出现频次逐步升高，而东部与西部地区的出现频次呈下降趋势。

表 2-2　我国顶级职业足球俱乐部不同阶段地域分布统计表

地域	甲 A 阶段 (1994—2003 年)		中超初期 (2004—2013 年)		近期 (2014—2016 年)	
	频次	比例/%	频次	比例/%	频次	比例/%
东部地区	105	78.4	109	71.7	34	70.8
中部地区	12	9.0	25	16.5	10	20.8
西部地区	17	12.6	18	11.8	4	8.4
合计	134	100	152	100	48	100.0

资料来源：依据陈昆仑等（2016）修改补充

我国东部地区开发历史悠久，地理位置优越，劳动者的文化素质整体相对较高，技术力量较强，工农业基础雄厚，在整个经济发展中发挥着龙头作用。因此，东部是职业俱乐部的首选地域。由于现阶段中部地区发展迅速，特别是随着 2006 年《中共中央国务院关于促进中部地区崛起的若干意见》的发布，中部的经济水平迅猛提高，职业足球俱乐部伴随着局部地区竞争压力增加也纷纷青睐于中部地区，特别是顶级职业足球俱乐部在中部布局数量呈逐渐上升态势。

（二）我国职业足球俱乐部所在城市等级特点

现阶段我国职业足球俱乐部共分布在 27 个城市，其中超级俱乐部分布城市较为集中，甲级俱乐部分布则稍广（表 2-3）。因为超级俱乐部每年升降级名额只有 2 个，而甲级俱乐部每年升降级名额多达 4 个，所以甲级俱乐部的变化范围相对较大,城市布局变化也大于超级俱乐部

---

① 陈昆仑，唐婉珍，李军，等. 中国顶级职业足球俱乐部的时空分布（1994—2013）：动力和机制. 天津体育学院学报，2016，31（2）：99-105.

的城市布局变化。

表 2-3　我国职业足球俱乐部城市分布（2014—2016 年）

城市	总频次	超级	甲级	城市	总频次	超级	甲级	城市	总频次	超级	甲级
北京	9	3	6	重庆	3	2	1	南京	3	3	0
上海	9	8	1	延边	3	1	2	郑州	3	3	0
广州	7	6	1	深圳	3	0	3	哈尔滨	2	1	1
天津	6	3	3	武汉	3	0	3	秦皇岛	2	1	1
青岛	6	0	6	长沙	3	0	3	呼和浩特	2	0	2
沈阳	4	3	1	杭州	3	3	0	成都	1	0	1
石家庄	4	2	2	长春	3	3	0	九江	1	0	1
贵阳	4	2	2	济南	3	3	0	绍兴	1	0	1
大连	4	1	3	乌鲁木齐	3	0	3	梅州	1	0	1

基于 GDP、人口、富裕程度、投资、零售额、居民储蓄、教育基础设施、土地出让量和零售商数量等多个变量建立模型，仲量联行 2015 年筛选出中国城市 60 强的排位。参考仲量联行的统计，我们将职业足球俱乐部出现的城市频次按照此标准划分，具体分布统计见表 2-4。

表 2-4　职业足球俱乐部城市分布频次与密度统计（2014—2016 年）

俱乐部	超一线城市（2 个）			一线城市（2 个）			1.5 线城市（9 个）		
	频次	比例/%	密度	频次	比例/%	密度	频次	比例/%	密度
中超	11	22.9	5.50	6	12.5	3.00	14	29.2	1.56
中甲	7	14.6	3.50	4	8.3	2.00	9	18.8	1.00
合计	18	18.8	9.00	10	10.4	5.00	23	24.0	2.56

俱乐部	二线城市（8 个）			三线城市（43 个）			三线以下城市（781 个）		
	频次	比例/%	密度	频次	比例/%	密度	频次	比例/%	密度
中超	7	14.6	0.88	8	16.7	0.15	2	4.2	0.00
中甲	12	25.0	1.50	11	22.9	0.21	5	10.4	0.01
合计	19	19.8	2.38	19	19.8	0.36	7	7.3	0.01

注：超一线与一线城市为北京、上海、广州、深圳 4 个；1.5 线城市与二线、三线城市分别为 9 个、8 个、43 个。频次指在不同等级城市俱乐部出现的次数；密度指同一级别单位城市中俱乐部出现的次数

从表 2-4 中可以看出，我国职业足球俱乐部在 1.5 线城市分布最多，其次为二线、三线城市，最后为超一线城市与一线城市。考虑到三线及

以下城市数量众多，且一线及以上城市数量仅 4 个，将不同级别的城市数量与俱乐部分布频次做进一步的分布密度处理可以看出，职业足球俱乐部分布密度与城市发达程度密切相关：越发达的城市，职业足球俱乐部的密度越高。与中甲俱乐部相比，中超俱乐部分布的这种趋势更加明显，中甲俱乐部的密度小于中超俱乐部，且中甲俱乐部在二线城市的分布密度大于 1.5 线城市的分布密度，这与俱乐部的级别相关。

（三）我国职业足球俱乐部地域迁移特点

2014—2016 年，职业足球俱乐部共发生 5 起跨地域迁移情况，其中在中甲内部发生了 3 起，中超降级至中甲与中国足球协会乙级联赛（简称中乙）升至中甲迁移各 1 起。从跨地域的范围来看，一起是省域内的变化，其他都为跨省域的迁移，其中有 2 家俱乐部迁移到没有职业俱乐部的地域（表 2-5）。

表 2-5　地域变化与俱乐部名称变化统计（2014—2016 年）

俱乐部名称	年度	级别	原地址	搬迁地址
湖北华凯尔—新疆天山雪豹	2014	中甲—中甲	湖北黄石	新疆乌鲁木齐
河北中基—河北华夏幸福	2015	中甲—中甲	河北石家庄	河北秦皇岛
太原中优嘉怡—内蒙古中优胜利联盟	2015	中乙—中甲	山西太原	内蒙古呼和浩特
贵州人和—北京人和	2016	中超—中甲	贵州贵阳	北京
哈尔滨毅腾—浙江毅腾	2016	中甲—中甲	黑龙江哈尔滨	浙江绍兴

5 家俱乐部迁移之后，名称都发生了变化。跨省域迁移的俱乐部在地域名称上都做了调整，前缀的地域名称更换为新的所在地名称；在省域内迁移的俱乐部，由于前缀名称为大地域名称，所以在地域名称方面没有改变，但在后缀的投资人名称方面调整为新的投资商名称。

俱乐部迁移的行为与目标城市是由俱乐部股权比例大的主投资商决定的，存在不同的主客观原因。4 家俱乐部在主投资商未发生变化的情况下进行了跨省域迁移："人和"俱乐部、"毅腾"俱乐部是由于发展战略的调整，目标城市为经济更为发达的地域；"华凯尔"俱乐部是由于经营问题，在试图转让的情况下，无职业足球俱乐部的外地域单位给予支持，所以进行了迁移；"中优"俱乐部是由于俱乐部升级后，本地无法满足规定的硬件要求，而无职业俱乐部的外地域单位给予支持，所以进行了搬迁。"中基"俱乐部是在主投资商变化的情况下，根据新投资商的意见进行了省内搬迁。

整体而言，俱乐部的跨地域迁移情况都发生在中甲俱乐部，以大地域迁移为主，目标为经济发达或者无职业足球俱乐部的地域，迁移后以地域变化更名为主。

二、我国职业足球俱乐部一线队球员的地域性

（一）我国职业足球俱乐部一线队球员地域性状况

从表 2-6 中可以发现，2014—2016 年我国职业足球俱乐部的本地域球员人数占总人数比例平均约 30%，其中中甲高于中超。从年度来看，中超近年的本地域球员占总人数的比例呈下降趋势，中甲本地域球员比例虽然没有体现出这一趋势，但在 2016 年本地域球员数量也降至 2014 年以来三年的最低点。由于资金、竞赛水平与知名度的限制，中甲俱乐部在队员的选择上，注重升入中超的实效性与经济性，因此更加注重挖掘自身的潜力，本地域球员比例高于中超。

究竟本地域球员应该占多大比例，目前虽缺乏研究，但欧洲足球发达国家多采用限制最低本土球员数量来确保俱乐部球员的地域化程度。例如：英格兰足球总会（简称英足总）明文规定在每个球队注册的联赛 25 人名单中，必须包含 8 名英国本土球员，其中英超俱乐部中 35%为英国本土球员，世界其他地区球员占 65%；德国足球甲级联赛（简称德甲）强制要求每个俱乐部的一线队至少有 12 名本土球员，其中 4 名为俱乐部培养的球员，以及每队至少 8 名本国青训培养的球员；意大利足协有本土球员"3+3"政策，即要求每个俱乐部至少有 3 名自家青训培养的球员，以及至少 3 名来自意大利其他俱乐部青训培养的球员。欧

盟的面积与人口都不足我国的一半,如果把欧盟中的每个国家看作一个地域的话,参考这几个国家的规定,本地域球员的比例应在35%~50%为佳。

表2-6　职业足球俱乐部本地域球员统计（2014—2016年）

| 俱乐部 | 2014年 | | | 2015年 | | | 2016年 | | | 年均 |
	总数/人	本地域/人	比例/%	总数/人	本地域/人	比例/%	总数/人	本地域/人	比例/%	比例/%
中超	592	172	29.05	780	193	24.74	526	98	18.63	24.39
中甲	517	194	37.52	641	250	39.00	485	154	31.75	36.40
合计	1109	366	33.00	1421	443	31.18	1011	252	24.93	29.96

资料来源:中国足协职业联赛数据之家,下表同

（二）我国职业足球俱乐部一线队球员地域性与球队成绩

从球队的成绩来看,中超成绩好的俱乐部本地域球员比例偏低,而在中甲俱乐部中,情况正好相反。从年度趋势来看,排名靠后的中超职业足球俱乐部中本地域球员比例呈下降趋势,其他类型俱乐部表现出波动的态势,趋势不明显,见表2-7。

表2-7　职业足球俱乐部球员本地域比例与成绩统计（2014—2016年）

| 俱乐部成绩 | 2014年 | | | 2015年 | | | 2016年 | | | 年均 |
	总数/人	本地域/人	比例/%	总数/人	本地域/人	比例/%	总数/人	本地域/人	比例/%	比例/%
中超前三名	118	20	16.95	139	32	23.02	105	22	20.95	20.44
中超后三名	111	42	37.84	152	43	28.29	100	8	8.00	25.62
中甲前三名	103	31	30.10	134	79	58.96	92	29	31.52	42.25
中甲后三名	91	39	42.86	112	27	24.11	91	22	24.18	29.93

马淑琼对2011—2012年中超球队进行研究,认为近年来在中超中排名靠前的俱乐部大多财力雄厚,球队往往通过引进著名外援以及国内优秀球员达到提高联赛成绩的目的,而非依靠本土球员。球员本地域化程度高的球队在中超中反而处于劣势地位。从表2-6来看,中超本地域的球员所占比例逐年降低也显示出这一特征,与前期的研究

相符。

中甲排名前三名与后三名的球队本地域球员所占比例呈现的趋势与中超正好相反。实力强的中甲球队目标在于冲超,所以在梯队建设方面更加严谨,且由于资金限制,在引进外援与内援方面投入略少,更加注重挖掘自身的潜力,所以使用本地域球员偏多。而排名靠后的中甲球队,目的在于保级,梯队建设不够完善,俱乐部有关青少年培训的投入经费 200 万元可能处于下限,且多是来自足球不发达的地域,俱乐部时龄偏短或是刚升入甲级的俱乐部,一线队员不够稳定或是拼凑而成,导致本地域球员的比例相对较低。

(三)我国老牌职业足球俱乐部球员地域性特点

以 10 年及以上未更名的俱乐部作为老牌俱乐部的衡量依据,我们发现 5 家俱乐部的本地域球员比例参差不齐,但整体高于中超平均水平。老牌足球俱乐部已经形成了相对较为稳定的一线队员的来源渠道,主要来源于自己梯队的培养与队员转会的输出与输入。因此,本地域球员的效力与外流数量,一定程度上体现出俱乐部对于球员地域化的态度。

本地域球员的数量首先体现出俱乐部对于本地域后备人才培养的重视程度,且反映出俱乐部在本地域培养后备力量的成才率。从 2014—2016 年来看,北京国安、长春亚泰 2 家俱乐部的本地域球员相对较少(表 2-8)。在 2011 年颁布的《中国足球协会职业联赛俱乐部准入条件和审查办法》与《中国足球协会职业联赛俱乐部准入实施细则》中,对本地域培养人才的数量并没有相关规定,仅对青少年投入经费、年龄在 17 岁以下球员组成的队伍(简称 U17 队伍)人数做出规定,因此,部分俱乐部仅以一线队成绩为目标,并不重视青少年梯队的建设。数量是质量的基础,近年来,中国足球国字号球队在世界大赛中表现不佳,在这一现象背后,是我国足球后备人才的缺失。

表 2-8 老牌职业足球俱乐部本地域球员统计（2014—2016 年）

俱乐部	2014 年 效力 人数 /人	效力 比例 /%	外流 人数 /人	外流 比例 /%	合计 /人	2015 年 效力 人数 /人	效力 比例 /%	外流 人数 /人	外流 比例 /%	合计 /人	2016 年 效力 人数 /人	效力 比例 /%	外流 人数 /人	外流 比例 /%	合计 /人
天津泰达	19	52.78	15	44.12	34	28	56.00	13	31.71	41	14	43.75	13	48.15	27
河南建业	15	40.54	13	46.43	28	22	43.14	19	46.34	41	9	26.47	12	57.14	21
山东鲁能泰山	9	25.71	25	73.53	34	13	32.50	36	73.47	49	10	33.33	23	69.70	33
北京国安	6	15.79	12	66.67	18	6	11.32	14	70.00	20	4	11.76	13	76.47	17
长春亚泰	4	10.00	6	60.00	10	3	8.11	10	76.92	13	2	6.67	9	81.82	11

注：本地域效力，是指俱乐部内本地域球员人数；本地域外流，是指俱乐部所在地域范围内效力于其他俱乐部的球员人数

本地域球员的外流情况，同样反映出俱乐部对于球员地域化的认识程度。正常的转会行为可以为俱乐部带来培养人才的收益、促进足球竞技水平的提高等正效应，但多数本地域的球员终究是俱乐部自己培养出来的人才，首先应立足于为本地域俱乐部服务，其次才是人才输出。而从现阶段来看，老牌俱乐部往往是输出自己的球员，引进外地域球员来参加中超，这与足协制度建设不完善和俱乐部的球员地域化理念欠缺密切相关。

综上所述，在地域分布特征上，就地理格局而言，东部是我国职业足球俱乐部的聚集地域，但呈现出东部、西部地区向中部地区逐渐扩散的趋势；就城市等级而言，我国职业足球俱乐部在 1.5 线城市分布最多，其次为二线、三线城市，最后为超一线城市与一线城市，越发达的城市，职业足球俱乐部的分布密度越高；就地域迁移特点而言，俱乐部的跨地域迁移都发生在中甲俱乐部，以大地域迁移为主，目标为经济发达或者无职业俱乐部的地域。

在一线队球员地域性特征上，就地域性而言，我国职业足球俱乐部

的本地域球员比例平均约 30%，低于国际水平，且近年中超本地域球员比例呈下降趋势；就球员地域性与球队成绩而言，排名靠前的中超俱乐部本地域球员数量少，球员本地域化程度高的球队在中超中反而处于劣势地位，中甲情况则与中超相反；就老牌俱乐部球员地域性特点而言，老牌俱乐部本地域球员比例整体高于中超平均水平。

第二节　我国职业足球俱乐部的名称特点

一、我国职业足球俱乐部名称的结构

2014—2016 年我国职业足球俱乐部的名称共出现过 55 个，其中中超 23 个，中甲 32 个。俱乐部名称全部以地域为首，其后基本上以主要投资商名称形式呈现，见表 2-9。

表 2-9　职业足球俱乐部名称统计（2014—2016 年）

俱乐部类型	俱乐部名称						
中超	广州恒大	上海上港	长春亚泰	广州富力	大连阿尔滨	贵州人和	哈尔滨毅腾
	北京国安	上海申鑫	杭州绿城	河南建业	山东鲁能泰山	江苏舜天—江苏苏宁	贵州人和—北京人和
	天津泰达	延边富德	辽宁宏运	重庆力帆	河北华夏幸福	上海绿地—上海绿地申花	
中甲	沈阳中泽	北京理工	湖南湘涛	广东日之泉	青岛海牛—青岛黄海	河北中基—河北华夏幸福	深圳红钻—深圳
	重庆力帆	北京人和	大连超越	石家庄永昌	新疆天山雪豹	哈尔滨毅腾—浙江毅腾	北京八喜联合竞技—北京控股
	梅州客家	上海申鑫	成都天诚	延边长白山	大连阿尔滨	贵州智诚—贵州恒丰智诚	天津松江—天津权健
	青岛中能	江西联盛	武汉卓尔	内蒙古中优胜利联盟			

在俱乐部冠名的地域方面,中超俱乐部名称以具体城市名称命名的有15个（含1个俱乐部易名）,以上级地域（省级）名称命名的有8个（含2个俱乐部易名）;中甲俱乐部名称以具体城市名称命名的有21个,以上级地域名称命名的有11个。整体冠名还是以所在城市名为主。采用上级地域名称冠名的俱乐部,多数情况是由于本地区只有一支职业足球俱乐部,如江西、贵州、湖南、新疆、江苏等;或者前身为本地区的队伍（省级队）,如广东日之泉前身为广东青年队、辽宁宏运为辽宁队、河北中基—河北华夏幸福的前身为河北省全运队等;或者两者兼而有之,如河南建业。

整体来看,我国职业足球俱乐部的名称具有很强的地域性特点,名称全部由地域冠名在前,大多数是在其后辅以企业化标志特点的名称。在地域表述方面,以所在城市为主体,少部分为所在城市上级的省级（省、自治区）,大地域冠名的俱乐部与其球队的前身相关,但中甲球队内蒙古中优胜利联盟俱乐部使用缩小地域的"呼和浩特中优队"名称。在俱乐部一线队名的后缀方面,多数俱乐部是根据大赞助商的要求,采用其名称作为球队名称的后缀。

二、我国职业足球俱乐部名称与企业化的关系

（一）企业化名称俱乐部的特点

表2-10是2014—2016年我国职业足球俱乐部名称的企业化、非企业化统计情况。从表中可以发现,我国职业足球俱乐部名称以企业化名称为主,非企业化即中性化的名称只占极少数。中超只有1例,反而中甲呈现出递增的趋势。

现阶段职业足球俱乐部名称在地域化前缀的基础上,后面都是主投资商的名称。我国职业足球俱乐部主投资商的品牌多以俱乐部名称的后置形式出现,一般通过足球俱乐部的名称,就可以了解到足球俱乐部的实际控股企业。但也有少部分俱乐部采用中性名称,有意隐去了主投资

商在俱乐部名称中的显现。中超俱乐部品牌价值大,而投资人的逐利特点决定了高级别足球俱乐部企业化名称的特点。

表2-10 我国职业足球俱乐部名称的企业化、
非企业化统计(2014—2016年)　　　　　　　单位:个

名称类型	中超			中甲		
	2014年	2015年	2016年	2014年	2015年	2016年
企业化名称	15	15	16	13	12	11
非企业化名称	1	1	0	3	4	5

俱乐部企业化冠名是俱乐部投资行为短期化的表现。那些热衷于投资足球的企业家,多半是看到足球运动巨大的社会影响力能够给企业带来良好的广告效应,又或是当地政府能够给予"足球企业"一定的优惠政策,他们才投资足球,他们可能并不十分热衷于足球运动,没有将足球作为一种长期的社会文化来经营[①]。

(二)非企业化名称俱乐部的特点

俱乐部的非企业化名称的判定并没有一定的标准。一般认为,俱乐部名称在地域前缀后的词语与所投资企业没有直接关联,即认为其为中性化名称或非企业化名称。通过调查与访谈,在现阶段有6家俱乐部被认为名称具有非企业化特点,具体情况见表2-11。

表2-11 非企业化名称俱乐部情况统计(2014—2016年)

俱乐部名称	年度	级别	俱乐部企业类型	俱乐部投资商		
				名称	产权性质	股权/%
青岛海牛	2014—2015	中甲	有限责任公司	青岛华筑中央广场商业管理有限公司—青岛海牛中央广场商业管理有限公司	自然人投资或控股	51—33.33
				青岛锦灏投资有限公司—青岛海牛锦灏投资有限公司	自然人投资或控股	49—66.67

---

① 张中启. 中国职业足球俱乐部资产证券化融资模式研究. 广西大学硕士学位论文, 2015.

续表

俱乐部名称	年度	级别	俱乐部企业类型	俱乐部投资商		
				名称	产权性质	股权/%
上海申鑫	2014—2016	中超—中甲(2016)	有限责任公司	上海衡源企业发展有限公司	自然人投资或控股	97
				上海金贸资产经营有限公司	国有独资	1.5
				上海市闸北体育场	事业单位	1.5
深圳	2015—2016	中甲	有限责任公司	深圳兆能源酒店供应股份有限公司	自然人控股	55
				深圳市正顺景投资咨询有限公司	外资企业联合控股	35
				万××	个人	10
新疆天山雪豹	2014—2016	中甲	有限责任公司	乌鲁木齐君泰房地产股份有限公司	自然人投资或控股	0—66.67—86.67
				蒋××;何×(退);田××(退)	个人	100—16.66—13.33
				上海昌华宝瑞投资有限公司	自然人独资	0—16.67—0
湖南湘涛	2014—2016	中甲	有限责任公司	钟××;宋×(钟××)	个人	90;10
梅州客家	2016	中甲	有限责任公司	李××;廖××	个人	50;50

注:投资商与控股比例依据国家工商注册系统查询,其中不同年度股权之间用"—"表示变化

从表 2-11 可见,这 6 家俱乐部都属于有限责任公司,并非股份制企业。有限责任公司与股份制企业的区别在于资本组合(简称资合)与人员组合(简称人合)方面。有限责任公司成立一般有人际关系的因素,一般为志同道合的朋友之间通过资本整合而建立。而股份制公司只是一种资合企业,不考虑私人之间的关系,只是通过购买公司的股份来共同获得收益与承担风险。职业足球俱乐部这一目前还属于探索阶段的企业,往往是入不敷出,更多地体现出投资者对于足球运动的共同热爱。

从俱乐部投资商产权性质来看,主要为自然人投资或控股企业或个人。个人投资的俱乐部,脱离了企业化名称的局限。自然人控股企业,这就意味着这些职业足球俱乐部其实由个人掌控,个人意愿对俱乐部的

发展方向具有决定性作用。相比企业法人控股，当这些俱乐部的实际掌控者对于中性俱乐部名称认可后，出于个人意愿，更容易用非企业化名称来命名俱乐部。

从俱乐部的级别来看，除上海申鑫 2014 年与 2015 年为中超外，其余 5 家均为中甲俱乐部。相比中超俱乐部，中甲俱乐部的运营成本较低，所以有相对小的资金压力与竞争压力，可以更加长远地考虑俱乐部的未来发展。

此外，6 家俱乐部名称的非企业化也存在各自的特殊性。个人投资的湖南湘涛俱乐部与梅州客家俱乐部在建立之初就采用了中性化名称，这与投资者的认识密不可分；青岛海牛俱乐部与深圳红钻俱乐部则在更名与消失后，因为受极强的地域观念与历史传统影响，最终回归到传统中性名称；上海申鑫俱乐部与新疆天山雪豹俱乐部则也是在更名并伴随跨地域迁移后，以中性化名称重新命名。这 6 家俱乐部名称都有着历史传统与文化方面的解释，但都脱离了投资商企业化的名称。

三、我国职业足球俱乐部名称与主投资商地域的关系

我国职业足球俱乐部主投资商的品牌多以俱乐部名称的后置形式出现，一般通过俱乐部的名称，就可以了解到俱乐部的实际控股企业。但也有少部分俱乐部采用中性名称，有意隐去了主投资商在俱乐部名称中的显现。2014—2016 年我国职业足球俱乐部的主投资商的地域来源情况统计见表 2-12。

表 2-12　我国职业足球俱乐部主投资商的地域来源统计（2014—2016 年）

俱乐部	2014 年			2015 年			2016 年			合计外地域投资商数/个
	总数/个	本地域/个	比例/%	总数/个	本地域/个	比例/%	总数/个	本地域/个	比例/%	
中超	16	14	87.50	16	15	93.75	16	15	93.75	6
中甲	16	14	87.50	16	13	81.25	16	12	75.00	

我国职业足球俱乐部的主投资商整体是以本地域投资商为主。2014—2016 年共有 6 家外地域投资商，分别为人和商业、毅腾集团、富德集团、香港天诚集团、上海中优房地产、华凯尔集团。外地域主投资商可划分为主动型与被动型两种形式。主动投资外地域职业足球俱乐部的有人和商业、富德集团、香港天诚集团、上海中优房地产，这些企业多数是为了借助足球项目提高企业的品牌知名度或开发新的产业链；被动成为外地域职业足球俱乐部投资商的有毅腾集团、华凯尔集团，它们是因原地域竞争激烈或者资金不足而搬迁，致使自身成为跨地域投资商。

综上所述，在俱乐部名称结构上，2014—2016 年我国职业足球俱乐部名称具有很强的地域性特点，名称全部由地域冠名在前，大多数是在其后辅以企业化标志特点的名称；在地域表述方面，以所在具体城市为主体，少部分为所在城市上级的省（自治区、直辖市）。

在俱乐部名称与企业化的关系上，以企业化名称为主，非企业化即中性化名称的只有 6 家；企业化名称方面，主投资商的品牌多以俱乐部名称的后置形式出现；非企业化名称绝大多数出现在中甲俱乐部，且均属于有限责任公司，并非股份制企业。

在俱乐部名称与主投资商地域关系上，我国职业足球俱乐部的主投资商整体是以本地域投资商为主，主动投资外地域的企业多数是为了借助足球项目提高企业品牌知名度或开发新产业链，被动投资外地域的企业是由于原地域竞争激烈或者资金不足而搬迁，致使自身成为跨地域投资商。

本 章 小 结

我国现阶段职业足球俱乐部具有如下地域性特征：在地域分布上，

东部是我国职业足球俱乐部的聚集地域，但呈现出东部地区、西部地区向中部地区逐渐扩散的趋势；我国职业足球俱乐部在 1.5 线城市分布最多，其次为二线、三线城市，最后为超一线城市与一线城市，越发达的城市，职业足球俱乐部的密度越高；俱乐部的跨地域迁移都发生在中甲俱乐部，以大地域迁移为主，目标为经济发达或者无职业俱乐部的地域。在一线队球员地域性特征上，我国职业足球俱乐部的本地域球员比例平均约 30%，低于国际水平，且近年中超本地域球员比例呈下降趋势；排名靠前的中超俱乐部本地域球员数量少，球员本地域化程度高的球队在中超中反而处于劣势地位；老牌俱乐部本地域球员比例整体高于中超平均水平。

现阶段我国职业足球俱乐部具有如下名称特点：在名称结构上，俱乐部名称具有很强的地域性特点，全部由地域冠名在前，大多数是在其后辅以企业化标志特点的名称；在地域表述方面，以所在城市为主体，少部分为所在城市上级的省（自治区、直辖市）。在俱乐部名称与企业化的关系上，以企业化名称为主，非企业化即中性化名称的只有 6 家；企业化名称方面，主投资商的品牌多以俱乐部名称的后置形式出现；非企业化名称绝大多数出现在中甲俱乐部，且均属于有限责任公司，并非股份制企业。在俱乐部名称与主投资商地域关系上，主投资商整体是以本地域投资商为主，主动投资外地域的企业多数是为了借助足球项目提高企业品牌知名度或开发新产业链，被动投资外地域的企业是由于原地域竞争激烈或者资金不足而搬迁，致使自身成为跨地域投资商。

第三章
对英国职业足球俱乐部地域化
与名称非企业化的借鉴

　　地域化是需要保存和传递的地域文化,地域文化是随着城市发展而逐步受到重视的一种文化形态,是该地域各类文化事项的综合,包括地域范围内人们在长期历史过程中创造出来的物质财富和精神财富,也包括融入该地域文化中被改造过的外来文化元素。地域化虽然具有一定的地方性,但和通常所说的本土化又有一定的区别,地域化强调"特定空间",但地域化绝对不等同于"地方本位主义",不是盲目排斥发达国家的经验,而是用慎思、辩证的态度来分析发达国家的经验。职业足球俱乐部的发展如果缺失全球化的视野,便无法提供有效的策略来破解我国足球事业所面临的困境。在国内体育学术研究中多呈现的是"本土化",舶来品本土化的议题备受关注,但大多数议题探讨停留在应该"本土化",而不是探讨实际和具体的内容。如上所述,本章将职业足球俱乐部地域化理解为"全球地域化",也就是既是国际化又是本土化,既是一体化又是多元化,是中国职业足球俱乐部在发展过程中,接受国外先进经验的影响,结合地域特点,进而发掘和创建与当地政治经济文化相融合的发展路径,实现职业足球俱乐部名称"软着陆"的目标,这是在与先进经验持续对话中逐步建立的。以下从政治、经济、文化和技术四个方面来分析英国职业足球俱乐部实现地域化和名称非企业化的因素。

第一节　英国职业足球俱乐部地域化 与名称非企业化的政治环境

一、英国职业足球产业管理体制

　　英国职业足球政策制定机构是英国文化、媒介和体育部,该部门的职责包括制定英国国家体育政策、管理制度与运行机制以及促进政策的修订和完善。具体负责体育政策执行的部门是英国体育理事会（UK Sport）和英格兰体育理事会（Sport England）及其他地方体育机构，其中，英国体育理事会主要负责竞技体育，英格兰体育理事会等主要负责大众体育。除此之外，英格兰足球总会（简称英足总）负责英格兰境内的一切足球事务，同时也是欧洲足球协会联盟和国际足球联合会（FIFA，简称国际足联）的成员。

1863年成立的英足总在150余年的历史中作用非凡，它统一比赛规则、设立足总杯与联赛杯、建立职业联赛、举办世界杯等，开展了数不尽的重要事件，逐步建立了当前英国足球的基本体制，建立了从机构设置、规则完善到联赛体制完备的英国足球产业发展模式。英足总独立于各级职业联赛的管理和运营，不对其进行直接管理。具体的联赛赛程安排和具体事宜由各级相关机构负责，英足总仅对职业联赛在业务上起到指导的作用。而各级职业联盟采用公司制治理模式，通过各俱乐部代表选举产生董事会，再由董事会聘任职业经理人对联赛的商业运作进行市场化管理和运营。联赛体制初创于英国，它保障了英国足球的稳定发展，它包括以英超为首的金字塔形的十级联赛，如表3-1所示。

第1级为超级联赛（英超），包含20支俱乐部。第2级到第4级为足球联赛，一共有3个组别，从高到低分别为英格兰足球冠军联赛（英冠）、英格兰足球甲级联赛（英甲）和英格兰足球乙级联赛（英乙），每一组联赛包含24支俱乐部。这三级联赛和英超联赛共包括92家足球俱乐部，属于职业足球俱乐部，并被统称为"联赛球队"。第5级为全国联赛，它是最低等级的全国球队参与的联赛。这一级联赛以下的所有联赛都为分区联赛。第6级联赛分为英足总北部联赛（简称北部联赛）和英足总南部联赛（简称南部联赛），这两个联赛各包含22支足球俱乐部。第7级为顶级联赛，全国分为三个大区：北部联赛超级组、南部联赛超级组、伊斯米安联赛超级组。第8级联赛在第7级三个大区的基础上再细分为：北部超级联赛甲级南组和北部超级联赛甲级北组，覆盖英格兰北部及北威尔士；南部超级联赛甲级中部组和南部超级联赛甲级西南组，覆盖英格兰西南部、中部以及南威尔士；伊斯米安超级联赛甲级北组和伊斯米安超级联赛甲级南组。

表 3-1　英国足球十级联赛

级别	联赛/组别				
1	英超				
2	英冠				
3	英甲				
4	英乙				
5	全国联赛				
6	北部联赛、南部联赛				
7	北部联赛超级组		南部联赛超级组		伊斯米安联赛超级组	
8	北部超级联赛（甲级北组）	北部超级联赛（甲级南组）	南部超级联赛（甲级西南组）	南部超级联赛（甲级中部组）	伊斯米安超级联赛（甲级北组）	伊斯米安超级联赛（甲级南组）
9	第 9 级联赛由 14 个子联赛组成				
10	第 10 级联赛由 17 个子联赛组成				

二、英国职业足球俱乐部所有者审批政策

在英足总成立之初，球员与早期俱乐部（球会）的合约关系有三项制度监管：拥有权制度、转会制度和最高工资制度。这三项制度主要保护球会的利益，球员对于效力哪家球会没有主动权。拥有权制度、转会制度在 20 世纪 70 年代进行了改革，实行"合约自由"，放宽了球员选择球会方面的限制，到 20 世纪 80 年代，废除球员最高工资制度，更开放的转会市场对足球产业的影响进一步凸显。但是，英足总在 20 世纪 70—80 年代是以非营利组织的形式运营的。随着新自由主义倡导者在制度改革中占领上风，英国足球赛事、球会和球迷确立了以企业生产和服务、顾客消费的关系和模式协同发展。进入 20 世纪 90 年代以后，英超成立，这是英国足球品牌开始走向全球的标志。

从 20 世纪 90 年代后期开始，英超的影响在世界范围内不断扩大，英国大环境中社会政治经济的变迁和逐步完善的金融体系，使英国政府改变对俱乐部运营和管理的策略，把公共事业变成足球生意①。2004 年，在英国政府的敦促下，英足总和英超联赛公司等多个职业足球管理主体联合颁布了《职业足球俱乐部所有者审核条例》。随后，越来越多的外国投资者参股英超俱乐部，将其视为获取经济利益与提升知名度的有效途径②。这符合 20 世纪 70 年代以来新自由主义兴起，英国政治策略迎来以自由市场经济为背景的大环境。

允许外资进入带来了商业化资本运作的蓬勃发展，例如，2012 年在纽约证券交易所（简称纽交所）成功上市的曼彻斯特联足球俱乐部（简称曼联），是 2016 年福布斯足球俱乐部英国地区的第一名，在收购曼联 8.12 亿英镑的收购资本当中，格雷泽真正的收购资本只有 5000 万英镑，余下资本当中的 5.4 亿英镑来源于商业贷款，投资者利用财务杠杆实现债务转移，使得俱乐部先承担沉重的债务，再通过自身运营来偿还债务；另外，在完成收购之后，部分所有者通过高额投入和负债经营来追求俱乐部的收益。俱乐部的收入一般来自三个方面：比赛日收入，包括门票和食品等的销售；媒体收入，主要是转播权收入；商业收入，主要有球队冠名权、球员肖像权、球衣销售、商业比赛收入等。这些行为具体表现在英超俱乐部的转会投入和债务上。③俱乐部商业化的运营模式在一定程度上造成了外籍运动员数量的大幅增加以及球队比赛票价的增长，这对英国本地足球运动员的发展，以及俱乐部所在地区球迷的利益造成了一定的影响，但英国政府并没有因此出台新的俱乐部所有者审核制度④。

---

① King A. The End of the Terraces：The Transformation of English Football in the 1990s. London：Leicester University Press，1998.

② Dobson S，Goddard J. The Economics of Football. Cambridge：Cambridge University Press，2001.

③ Blomstrom M，Kokko A. How foreign investment affects host countries. World Bank Int Economics Department Int Trade Division，1997.

④ Szymanski S. Handbook on the Economics of Sport. London：Edward Elgar Publishing，2006.

三、英国赛事转播权政策

1992 年，英格兰足球甲级联赛正式改组为英格兰足球超级联赛，而英超的版权是属于英超联赛公司的，英超联赛公司实质是由各大英超俱乐部联合成立的公司，不属于英足总。这是俱乐部与电视媒体合谋获取更大经济利益而共同推动的结果，也由此，英格兰联赛迈进了一个商业化程度更高的历史阶段。

从 20 世纪 90 年代开始，足球赛事电视转播收入成为职业足球俱乐部的主要收入来源，自从 1992 年英超成立之后，赛事的电视转播权出售一直采用集体出售的形式，由英超联赛公司统一负责转播权的谈判[1]。英超联赛公司代表所有俱乐部集中销售电视转播权的模式有以下特点[2]：①英超是一个由股东构成的公司，成员为各个英超俱乐部；②各个俱乐部是体育赛事转播权的所有者，经由它们一致同意签订合同将转播权销售工作委托给英超联赛公司，由其进行集中打包捆绑销售；③体育赛事转播权的所有权和销售由英超联赛公司统一进行监管，其中的任何改变必须经由 2/3 以上的俱乐部同意后才可实现；④每个俱乐部可在自己拥有的电视频道或网站上播放本俱乐部参与的非直播赛事转播（但比赛转播权不得出售给第三方）。首先，这种捆绑销售联赛的形式可以有效减少每个俱乐部单独谈判所花费的时间、合约数量，能够降低交易成本；其次，捆绑出售转播权让联赛控制了转播的数量，便于制造比赛的稀缺性，从而提高整体转播权出售的价值；再次，捆绑出售转播权便于英超联赛公司掌握数据，根据球赛上座率的变化调整赛事转播内容；最后，捆绑出售还可以避免强势球队通过其强大的谈判能力对在转播权谈判中处于弱势的球队的生存空间的挤压，在一定程度上维持了职业体育的竞争均衡和经济平衡[3]。

① 杨铄，郑芳，丛湖平. 欧洲国家职业足球产业政策研究——以英国、德国、西班牙、意大利为例. 体育科学，2014，(5)：75-88.
② Falconieri S，Frederic P，József S. Collective versus individual sale of television rights in league sports. Journal of the European Economic Association，2004，2（5）：833-862.
③ Forrest D，Rob S. New issues in attendance demand the case of the English football league. Journal of Sports Economics，2006，7（3）：247-266.

以 2016—2019 年为例,英超的电视转播收入总额达到了 81 亿英镑。收入包括现场直播、延迟转播、赛事集锦、移动客户端赛事片段、俱乐部自己开发的赛事转播等类别,还按赛事的受欢迎程度、赛事转播时间、不同的内容特点和媒介渠道特点进行细分,形成了多种转播产品,涵盖了电视媒体、互联网媒体、移动互联网客户端等多种传输渠道。不仅如此,近年来,英超联赛公司不断对体育赛事转播权的营销进行改革,俱乐部拥有了较大的自由度,俱乐部的比赛可以通过其经营的电视频道、门户网站、移动客户端等媒介资源进行开发。①

四、英国足球场馆(地)建设管理政策

自 20 世纪 70 年代以来,英国场馆的相关政策在不断完善,至今,英国足球场馆的所有权归属于俱乐部,英国政府协助场馆安全运营。场馆建设和安全需要大量的资金,在 1975 年,英国政府建立了"足球信托基金"(Football Trust),每年将 2% 的博彩业收入用来改善场馆的安全状况;在 1985 年,由酗酒问题引起的球场安全问题突出,英国政府先后制定和颁布了《体育比赛法案》[Sporting Events(Control of Alcohol etc.)Act]和《公共秩序法案》(Public Order Act),法规主要限制了观众在现场观看比赛时的饮酒行为,并禁止有过不良行为记录和背景的球迷在特定时间到足球场观看比赛。在 20 世纪 80 年代晚期,场馆的设施问题成了威胁球场安全的主要问题,陈旧的场馆和设施难以保障职业足球赛事快速发展,当时的财政投入也难以保障现场观看比赛的安全,不断出现损坏球场设施以及"足球流氓"事件。在这些事件中,最为恶劣的是 1989 年的希尔斯堡事件,共有 96 名球迷在这次事件中丧生。这次事件使英国政府自 1989 年以后,加大支持场馆建设与维护赛场安全的财政力度,并提供了一系列的政策支撑,如英国政府分别于1989 年和 1991 年颁布的《足球观众法案》(The Football Spectators Law)

---

① Summary of UK sports rights: Annex 10 to pay TV market investigation consultation. Ofcom Report, 2006: 205-216.

和《足球犯罪法案》（Football Offences Act），明确指出在比赛现场投掷物品以及进行种族主义言行等行为属于刑事犯罪的范畴。随后，为了维护球场的安全，政府加大了管控力度，并进一步对相关法律进行完善，分别在 1999 年和 2000 年通过了《足球（犯罪与骚乱）法案》[Football (Offence and Disorder) Act]和《足球（骚乱）法》[Football (Disorder) Act][①]。

在场馆维护方面，英国政府和俱乐部也从 1990 年开始开展了大量的工作，共同出资对所有顶级联赛俱乐部的场馆进行修缮；在 1991 年，英国政府又将博彩公司营业税从 40%下调至 37%，但要求将这 3% 的税款注入足球信托基金[在 2000 年更名为足球基金会（Football Foundation）]。足球基金会由英国政府、英足总和英超联赛公司共同出资，其基金收入主要用于修缮各级别比赛场馆等项目。在球场安全保障（简称安保）的责任问题上，俱乐部仅承担比赛日球场内的安保费用，球场外（具体范围按照俱乐部的地产范围确定）的安保费用由地方政府的公共基金负责，并禁止警察等公职人员以保护公共财产安全为名，向俱乐部等机构提出任何经济索取要求。

在场馆冠名方面，英国也在尝试体育场馆冠名权的市场开发，如 2001 年，阿森纳足球俱乐部获得了政府批准，邀请 Wasserman 公司为其体育场馆的冠名权设计开发方案，俱乐部从场馆冠名中获取收益超过 1.7 亿英镑。随着市场的不断开发，场馆的安全性会得到更好的保障，价值会得到更好的开发。总之，在英国职业足球俱乐部比赛场馆的产权为俱乐部所有，大多数英国职业足球俱乐部需要承担体育场馆的维修和比赛日安保等方面的开支，但一系列对场馆维护和保障场馆安全的相关政策措施有效地保障了英国足球场馆（地）的安全运营。

---

① Parrish R. Sports Law and Policy in the European Union. Manchester：Manchester University Press，2003.

五、英国职业足球俱乐部的公司治理制度

在竞争激烈的足球市场中，良好的公司治理政策是俱乐部生存和有效运营的重要条件。有数据显示，上市职业足球俱乐部的平均业绩明显低于所有上市公司的平均水平，为了获得更好的业绩，俱乐部的公司治理制度显得格外重要。英国职业足球俱乐部的公司治理必须遵守公司法、信息技术安全评价通用准则（Common Criteria for Information Technology Security Evaluation，简称 CC 标准）和经济合作与发展组织（OECD）的原则；必须遵从公司法和公司治理的最佳实践；在伦敦证券交易所上市的公司必须服从规则或在年报中解释和说明不遵从规则的有关事项，这种自治程序有助于增加投资者对公司的信任，有利于提升公司绩效。根据公司法规定，俱乐部必须遵守公司备忘录和公司章程对股东的要求，这些文件中列出了公司的目标、章程及股东情况登记表，其中提供了公司所有权结构等信息，许多俱乐部受益于最佳实践指导中的信息展示、董事任命、董事会构成、指导和培训董事、风险管理和咨询利益相关者等信息。

在市场机制中，向股东充分展示俱乐部信息至关重要。如果股东希望了解谁拥有该俱乐部以考虑收购要约或只是增加在非上市公司的股权，那么进入股票登记是至关重要的。如果公司表现不佳，完善的公司治理制度也有助于俱乐部在股票市场的健康发展。同时，股东也可以向董事会施加压力，通过积极参与年度股东大会并将决议提交股东周年大会，对治理和绩效进行监督。一些研究表明，这种股东行为可以改善公司治理和绩效[①]。

董事的评估和培训也有一套明确的程序，董事会的有效表现需要一个过程，说明董事会的法定职责以及董事会及其小组委员会的职能。《希格斯报告》强调，非执行董事有效履行职责也非常重要，俱乐部对董事

---

① David P，Hitt M，Gimeno J. Influence of activism by institutional investors on R&D. Academy of Management Journal，2001，44（1）：144-157.

的评估和培训尚有欠缺，这也是足球俱乐部的一个薄弱领域，在整体上上市及非上市的职业足球俱乐部都存在这样的不足。《希格斯报告》还建议，非执行董事的来源范围应比目前更广泛，应较少依赖公司部分部门的非执行董事。董事从更广泛的人员中选取出来，必须履行董事的职责，包括为整个公司的利益行事。

执行薪酬一直是英国俱乐部公司治理的一个特别受争议的领域。在所有权与控制权分离（即外部股东不是执行董事）的俱乐部中，重要的是确保有明确的程序来确定执行人员的薪酬水平和增加薪酬的标准，任何增加薪酬的事项均须经股东批准。没有足够理由支持薪酬的增加，会减少俱乐部投资的利润和向股东分配的红利，也可能会导致球票价格上涨等不利于俱乐部发展的结果。CC标准指出，公司治理应有一个薪酬委员会，完全由独立的非执行董事向董事会提出董事会薪酬建议。薪酬委员会应每年向股东提交书面报告，并在适当情况下由股东大会批准报酬。然而，2002年英国公布了公司法的重大变化，要求所有在伦敦证券交易所上市的公司在股东周年大会上提交报酬表。

在评估和管理风险领域中，俱乐部引入"特恩布尔指南"，即《内部控制：董事综合准则指南》，它为构建健全的内部控制系统提供了详细的指导，它要求董事会考虑"公司面临的风险的性质和程度"，衡量实际发生风险的可能性、可接受风险水平，以及提出降低风险的措施等。

综上所述，英国职业足球俱乐部的地域化和名称非企业化发展得益于政府通过政策手段和管理体制对职业足球产业的发展进行调整、规范和指导。首先，建立完善的职业足球俱乐部管理体制，英国职业足球俱乐部的管理体制由三部分构成：职业联赛、半职业联赛和业余联赛。位于金字塔顶端的是以英超、英冠、英甲、英乙共92家俱乐部组成的职业联赛，然后是由全国联赛、北部联赛等组成的半职业联赛，最后是地区性的业余联赛，联赛体制为英国足球自上而下、自下而上的全面发展奠定了坚实的基础。其次，为职业足球发展提供相应的政策保障和支持。通过税收等向职业足球俱乐部及其母公司提供相对宽松的金融政策，允许国外资本进入，为改善职业足球俱乐部高投入、低收入的状况带来了活力的同时也保障了所有者权益；为职业足球比赛场地、安保等方面提供相应的政策保障，政府与市场共同作用于职业足球的发展。最后，职业足球产业发展要求建立符合市场规律的发展模式，从建立之初就以自主经营、自负盈亏、自我发展的企业模式存在。在职业足球比赛转播、商业开发、场馆建设和使用、门票收入等方面，需要合理的产业政策设置。总体而言，英格兰职业足球联赛遵循的发展逻辑是：俱乐部所有权归属私人，联赛体制保障了赛事的稳定性，充分利用市场机制来获取经济利益。英国政府针对职业足球产业的政策设置呈现出以实现经济利益最大化为导向的商业度较高的特征，政府对地方进行较少的政策干预，遵从市场经济发展的规律，通过适度的有指向性的政策调节服务于职业足球产业的发展，而公司治理制度也在解决新问题中不断完善。

第二节　英国职业足球俱乐部地域化与名称非企业化的经济环境

一、英国职业足球俱乐部发展的经济环境概述

2015 年，英国 GDP 近 2.9 万亿美元，位居世界第 5 位。在产业布局上，服务业产出占英国经济产出的比重高达 75%，服务业持续快速增长成为英国经济复苏最主要的驱动力，英国职业足球在经济发展中是以赛事服务为主体的体育服务产业。英国人均 GDP 处于世界前列，经济增长主要依赖家庭消费支出。同时，足球运动的参与者和爱好者在工作之外有法律保证的休息时间。较好的经济基础和足够的空闲时间保证了足球运动在群众中的普及和发展。

城市的发达程度与俱乐部发展有着一定的相关性，2016—2017 赛季英超中的 20 支球队，有 5 支来自伦敦。它们分别是阿森纳足球俱乐部、切尔西足球俱乐部、托特纳姆热刺足球俱乐部、水晶宫足球俱乐部、西汉姆联足球俱乐部。其中，阿森纳、切尔西与托特纳姆热刺是近年来英超公认的强队。2013 年的数据显示，伦敦的总附加值（gross value added）对英国经济贡献最大，远超利物浦、曼彻斯特等城市。近年来外国资本不断涌入英超，收购其中的俱乐部，为俱乐部发展带来了至关重要的财力保障，故城市整体经济水平与俱乐部绝对实力并不存在正相关关系。例如，2015—2016 赛季英超冠军莱斯特城足球俱乐部所属的城市莱斯特，2012 年 GDP 仅有 275 亿美元，在英国大都市 GDP 排名中为倒数第 2 位，远不及拥有 5 支球队的伦敦（7312 亿美元）。而其之所以能够获得英超冠军，除了竞技方面的偶然性因素外，泰国富商维猜·斯里瓦塔那布拉帕（Vichai Srivaddhanaprabha）对俱乐部的收购并注资起到了决定性作用。此外，英国大都市 GDP 排名第二位的伯明翰（1143 亿美元），其阿斯顿维拉足球俱乐部与伯明翰足球俱乐部均从英超中降级[1]。

再来看曼彻斯特的足球俱乐部的影响，曼彻斯特是英格兰西北地区大曼彻斯特郡的城市，人口 50 余万，拥有 2 支英超球队，它们是曼联足球俱乐部和曼彻斯特城（简称曼城）足球俱乐部。曼联足球俱乐部被认为是英格兰足球历史上最成功的俱乐部之一，在整个欧洲乃至世界也是最具影响力的球队之一。2007 年英国广播公司的一项民意调查表明，48%的英国人认为，曼彻斯特是英国第二大城市，支持伯明翰的仅占 40%，而事实上曼彻斯特的人口数量和 GDP 都不如伯明翰。这与曼联曾经取得 20 次英格兰顶级联赛冠军、12 次英格兰足总杯冠军、5 次英格兰联赛杯冠军等竞赛成绩不无关系。由此可见，英国城市的经济发达程度与足球俱乐部成绩并无直接关系。但是不可忽视的是，英国是发达国家，整体经济发展良好，影响成绩的还有地理位置等其他因素。

---

① https://en.wikipedia.org/wiki/List_of_metropolitan_economies_in_the_United_Kingdom.

二、英国足球产业市场规模

英国足球联盟在 1888 年成立，成立时联盟俱乐部仅有 12 家，到 1923 年，俱乐部增长了数倍，达到 80 多家，从足球联盟成立至第一次世界大战，英国足球的职业化得到了迅速发展。早期的英国足球俱乐部主要是靠会员费维持经营，资金实力都比较弱，在发展中俱乐部开始雇佣全职球员，为了拥有更大的财务自由，俱乐部转变为有限责任公司，作为有限责任公司的俱乐部确立了以经营获利为发展导向的目标，随后，俱乐部的收入才开始快速地增长。根据《卫报》提供的数字，在 2013—2014、2014—2015 和 2015—2016 赛季，英超球队共获得 55 亿英镑的电视转播收入。德勤的财报显示，在 2013—2014 赛季，英超球队仅电视转播一项就比西班牙足球甲级联赛（简称西甲）各队的总收入高出 1.71 亿欧元，比意大利足球甲级联赛（简称意甲）各球队的总收入高出 4.05 亿欧元，比法国足球甲级联赛（简称法甲）各球队的总收入高出 6.06 亿欧元。德勤的财报同时显示，英超有 19 支球队获得了营业利润，总额为 6.14 亿英镑，比前一个赛季高出 5.32 亿英镑。

英国旅游局的数据显示，在 2014 年有超过 80 万的游客前往英国现场观看了足球比赛，较 2010 年增长了 5 万人次。行程中包含去观看足球比赛的游客的总支出为 6.84 亿英镑，每人平均支出为 855 英镑。

英国足球俱乐部为政府提供了巨额资金支持，以英超为代表的赛事每赛季缴税平均约 6 亿英镑，而比赛场地的投资建设与加强运动员训练管理工作相辅相成，为俱乐部经济效益与比赛成绩的提升贡献重要力量。2016 年，曼联上赛季总收入达到 5.15 亿英镑，收入相比上一周期增长了 30%，其中利润也达到了 3600 万英镑，曼联足球俱乐部也成了首家单赛季收入超过 5 亿英镑的英格兰足球俱乐部。英超联赛公司拟在 2017—2019 年实施新的电视转播分配方案，其中在英国国内的比赛分配上涨 70%，而国际比赛则会上涨约 40%。

英国职业足球产业堪称全球体育典范。以英超为例：其在 2014—

2015 赛季对英国 GDP 的贡献达到了 33.6 亿英镑，提供了 10 万个全职工作岗位，其中税收就贡献了 24 亿英镑①。斯托克城足球俱乐部主席彼得·科茨（Peter Coates）称英超取得了巨大成功，它是一项国际联赛，它对于英国经济的贡献巨大，它是一个成功的故事②。

三、英国职业足球俱乐部经营模式

从 1990 年开始英国足球职业化的发展产生了巨大改变。在 20 世纪 90 年代以前英国职业足球俱乐部基本上是有限责任公司性质，收益尚归属于地方服务事业，属于地方公益事业。大多数俱乐部的经理为实际管理员，他们的主要任务就是使俱乐部能够顺利地发展下去，并不需要考虑获取利润等问题。

1992 年，曼联、利物浦等顶级职业足球俱乐部从所在的联盟中脱离出来成立了全新的英足总超级职业足球联盟。俱乐部开始采取"公司治理"的经营模式，包括公司（俱乐部）同股东、董事包括所属经营决策层的关系及其组织运营的方法。英超在收入总额方面首位是门票收入，其次为电视转播收入、商业赞助收入、商品销售收入和部分政府补助及当地企业赞助，该模式被职业体育研究者称为 SSSL（spectator-subsidy-sponsors-local，即门票—补贴—赞助—地方）模式。经营者为了获取更大的利润，倾向于在政策规范允许的情况下，吸引多种资本进入职业足球俱乐部，由此带来了联赛资产证券化的机遇，但它也带来了一定的市场风险。

1983 年，托特纳姆热刺俱乐部的上市，是足球商业化的重要转折。到了 20 世纪 90 年代后期，大规模的资金涌入俱乐部，更多的俱乐部谋求上市。足球俱乐部转变为上市公司意味着俱乐部的性质彻底从一种社会的非营利的、地方性的私有公司转变为企业法人治理公司。俱乐部的

① http://www.consultancy.uk/news/2946/premier-league-and-clubs-add-34-billion-to-uk-economy.
② http://www.bbc.com/news/uk-21241787.

公司治理制度要遵守公司法和法人治理规则,还要遵从支持者和地方社区作为主要股东的收入分配规则。俱乐部一旦上市即可通过发行股票得到筹资,而不用背负借贷的压力,这成为俱乐部上市的最大诱惑;但是,股价及交易量的波动,也使上市公司的经营水平和近阶段的决策变化等相关信息公开,要接受社会各界投资人士的评价。同时,资产证券化也存在着一定的缺陷,俱乐部会面临被收购的可能,因此在英国公司收购保护政策中,特别提出防止被竞争对手恶意收购。英超俱乐部资金筹措情况表明,顶级俱乐部可以筹措到无息资金,一半以上的大股东均可以特殊贷款名义进行无息贷款。

但是,级别较低的俱乐部由于自身发展受限、资金匮乏等原因,筹措资金申请上市显得比较困难。这使得顶级俱乐部与其他级别俱乐部之间的差距越来越大,还产生了比赛场地的归属等问题。在 2012 年,曼联通过融资的方式成为英超中在美国纳斯达克成功上市的俱乐部,这一上市历程达数年之久。为了达成这一目标,格雷泽家族付出了 8 亿多英镑,而这巨大的资产多数来自借贷。其中,格雷泽以其私人资产作为抵押,以"优先债券"的形式贷款 2.75 亿英镑,这种形式只提供给全球金融业的高净值客户。其他部分资产则来自摩根银行的高息贷款,以曼联原本拥有的俱乐部资产(如老特拉福德球场、特拉福德训练中心等)作为抵押而得到。①

综上所述,足球运动参与者、爱好者稳定的经济条件和相对充足的业余时间是英国职业足球地域化发展的基础,使得足球运动在群众中得以普及和发展。伦敦作为英国最发达的地区拥有 5 个俱乐部,这 5 个俱乐部多数也是近年来英超公认的强队。由于英国国土面积较小和整体发达程度较高,区域经济发展与联赛成绩存在着一定关系,但并不绝对。足球特有的经济模式使得俱乐部和足球联赛组成了联合产品,而俱乐部之间还存在着竞争,这形成了职业足球联赛一种特定的经营模式,俱乐部同意加入联盟并接受联盟监管是因为联合产品产生的经济价值高于

---

① 谷枫. 上市公司曼联的足球生意. http://business.sohu.com/20140613/n400774163.shtml [2014-06-13].

独立俱乐部产生的经济价值。另一特殊性在于，俱乐部不仅要带来竞技成绩，还要保持财务发展的可持续性。支持其发展的主要是英国俱乐部所采用的相对完善的"公司治理"模式，这种经营模式标志着俱乐部的性质从一种社会公益的、非营利的、地方性的私有制公司转变为企业法人。以利润为发展导向，引入资本，更加自由，也更加规范。从 20世纪 90 年代开始，英国俱乐部开始大规模实行资产证券化，这为俱乐部提供了扩大经济利益的渠道。虽然资产证券化存在着一定的缺陷，也使得俱乐部之间的分级变得更加严重，但在这个过程中俱乐部的经营管理得到规范，俱乐部更注重现金流管理，注重经营收入的提高，重视支出成本的控制和后备力量的培养，在基础设施方面投入更多，形成良性的、可持续性的发展。无论是传统经营模式还是资产证券化后，俱乐部的主要收入都是来自赛事电视转播收入、门票收入、体育旅游收入等方面，每年每个赛季的经济收入都对英国 GDP 有着巨大贡献，并为当地提供了相当数量的工作岗位，增加了当地政府的税收收入。

第三节　英国职业足球俱乐部地域化与名称非企业化的社会文化环境

一、足球历史与传统

贝克汉姆在英国申办 2018 年世界杯时说："足球是沁入在我们的文化中，存在于我们的 DNA 里的。从我们来到这个世界开始，从出生的那一天，足球就和我们在一起，永不分离。"①

----

① Burt J. World Cup 2010: David Beckham says football is in England DNA. http://www.telegraph.co.uk/sport/football/world-cup-2010[2014-06-15].

英国足球的发展与英国历史的发展息息相关,紧紧相扣。足球发展史本身就是一部记录英国不同时期不同社会阶层的不同生存状态的宏大史诗。①

　　从中世纪到第一次世界大战前夕,英国足球只是在平民的业余生活中开展。随着工业革命的到来,足球得到了中产阶级及精英阶层的认可。1848 年,剑桥爱好足球的人制定了"剑桥足球法典",将足球与橄榄球两种运动划清界限,这使现代足球的一般规则初现雏形,成为足球运动文明规则的发端。1850 年出现了两种足球规则:一种是由拉格比、马尔伯勒等学校制定的手脚并用的足球规则,另一种是由伊顿公学、威斯敏斯特等学校制定的脚踢球的处罚规则。因仲裁原因两种规则无法调和,很难进行统一。直到 1863 年,世界上第一个足球管理机构——英格兰足球总会成立,足球规则才有所统一。随后,1871 年拉格比足球联合会的成立也促进了足球规则的统一。

　　在足球运动的历史中,工人阶级被认为是发展的先驱和最重要的阶层。但是,从 19 世纪 70 年代开始,一度只有"绅士"或者精英阶层才能成为一名足球运动员。"绅士"一词通常与英格兰文化挂钩,19 世纪晚期正是绅士文化鼎盛时期。而"绅士风度"是英国社会各阶层向社会精英阶层靠拢的必要因素之一,它是以贵族精神为基础,融合各阶层的一些价值观念而形成的。符合英国人价值取向的"绅士风度"与他们的民族特性密不可分,在足球中充分显示了这种民族特性,有"绅士风度"精神的英国球员展示了典型的英国运动崇尚的追求:具有承诺意识、重视力量对抗和富有战斗精神。②

　　英国足球在工人阶级中普及的时期与英国工业革命同时,在此期间,现代技术的发展和生产能力的提高使得人们创造了巨大的物质财富,广大民众的生活水平得到了很大的提高,足球场地建立和器材完善,使得英国足球发展有了一定的物质基础;工业化中机器的大范围使用还

①　Baker W J. The making of a working-class football culture in victorian England. Journal of Social History, 1970, 13(2): 241-251.
②　谭刚. 英国足球文化的特征. 南京体育学院学报(社会科学版), 2011, 25(4): 37-41.

给了工人足够的空闲时间。工业革命推进了城市化进程，交通运输技术的革命性发展，使人们由农村涌向城市，在 1850 年前后，英国的城市化率已达到 54%。在 1870 年以前，工人每周传统的工作时间是 6 天，而后，绝大多数工人每周工作五天半，这为足球运动的发展提供了时间保证。工人的劳动生产率不断提高，工人生活水平提高和工资待遇改善，空闲时间增多，他们有了空闲时间中运动的需求。运动可以排解生活和工作压力，也可以在人际交往中制造一些乐趣，慢慢地足球成为英国工人阶层民众休闲娱乐的重要体育项目。与此同时，在一些典型的工业大城市如曼彻斯特、伯明翰、谢菲尔德、伦敦等，工人阶层不仅逐渐把足球作为休闲的主要方式，还参与和组织足球赛事，组织成立足球俱乐部。例如，曼联足球俱乐部的前身牛顿希斯 LYR 队就是由当地一群铁路工人在 1878 年的曼彻斯特成立的。位于伦敦的阿森纳足球俱乐部的前身 Dial Square 也由当地一家军工厂的工人在同时期建立。在俱乐部职业化之后，他们又成为这些球队的忠实球迷，以购买球票的方式继续支持球队。从 19 世纪晚期开始，足球这项运动普及到了英国社会各个阶层中。

在英国足球发展历史中，不能忽略英国浓重的民族特性。苏格兰、威尔士足球各具特色，这两个地区在发展足球运动的过程中也极力维护本民族特性，对英格兰足球的发展也产生了十分重要的影响。英国足球的发展历程是一部英国社会发展史与社会结构的变迁史，阶级斗争的演变都与足球文化演化有着一定的关联。

二、足球俱乐部文化

英国是世界上最早成立足球俱乐部的国家，1855 年成立的谢菲尔德足球俱乐部是世界上第一个足球俱乐部，也是现存最古老的足球俱乐部。在它成立之后，英格兰各地民众纷纷成立足球俱乐部，直至 1881 年，英格兰地区成立了近 130 个足球俱乐部和足球组织。而这时俱乐部主要依靠会员的会费维持运营，还没有完成职业化，经济实力也比较薄弱，就连在1863年建立的英格兰足球总会在全国范围内也没有影响力，其建立之初加入的俱乐部主要是英国北部的足球俱乐部，只有8支俱乐部球队。但是，从1885年至第一次世界大战期间，英国足球的职业化发展加速。

　　发展到今日，英国共有92个职业足球俱乐部，它们大部分分布在工业革命时期鼎盛的工业城市周边，几乎每一个工业革命时期的工业重地都拥有一个及以上闻名于欧洲乃至世界的足球俱乐部。而这些英格兰足球俱乐部也多保留了历史遗留下来的名称和传统，多以地名或者特定意义名称为官方名称。从俱乐部的名称中很难看出俱乐部的主赞助商或者投资者的名称和来历、经营内容等。以所在城市命名的俱乐部主要有曼彻斯特、利物浦、朴次茅斯、维冈等俱乐部；另外还有俱乐部以所在城市的某一区域命名，这些城市往往足球业发达且拥有较多足球俱乐部，如伦敦、利物浦等城市。以伦敦最为典型，像切尔西、阿森纳都属于伦敦的某一地区。此外，以城市的某一建筑命名的如阿斯顿维拉足球俱乐部，名称来自伯明翰一座名为Villa Crossd的教堂；埃弗顿的命名与一座漂亮的"太妃糖屋"有关。足球俱乐部的命名还与建立它的人们的职业相关，如阿森纳足球俱乐部，"阿森纳"（Arsenal）一词原意为"兵工厂"，在俱乐部组建之初的确与兵工厂有紧密联系，该俱乐部是由当时在该工厂工作的工人组建的。还有以当地公园球场命名的，如伦敦托特纳姆热刺等。

　　俱乐部名称是其品牌形象的核心要素，也是历史文化传承的代表，是球队支持者内心形象概念的基础，球迷会按照俱乐部的历史文化来定义自我，并把代表俱乐部的文化符号与生活结合，俱乐部的文化有时候还代表着一座城市的文化。总之，英国足球俱乐部一般以城市或区域相关因素命名，容易识别又具有个性，有利于本地支持者产生情感共鸣。

三、足球俱乐部公共服务

英国大约有 6600 万人口，坐拥约 5 万家足球俱乐部，在足协注册的会员超过 100 万人，每 1000 个人中就有一个人从事与足球相关的工作。在如此强大的足球产业发展的背景下，社区足球的力量不可小觑，无论城市还是乡村，每一片足球场地上都时常举办各种各样的球赛，有些是职业化俱乐部赛事，而更多的是本地社区组织的大众足球赛事。以拥有 500 个以上各式足球场的伦敦为例，其中约 470 个业余足球场供群众参与足球运动，这些充足的场地满足了当地居民参与足球运动的需求。在这众多场地中，不仅有 11 人制足球场，还有许多为 10 岁以下儿童专设的小型足球场。俱乐部与区域社区、参与足球运动者和球迷之间形成了紧密协同的关系，构成了英国足球稳固的发展基础。

而这种民众基础的形成是有历史原因的，在开展草根足球运动的组织中，学校发挥了重要的作用。足球作为学校课程，通过组织足球训练和比赛，有效减少了造成问题青少年的社会弊端，学生摆脱了抽烟、酗酒等生活陋习，还可以通过足球运动提高身体素质、精神状态、思维能力和社会交往能力等。除了学校组织足球运动和赛事之外，教会、商会、个体经营者和公职人员也通过自身的力量，为了构建周围良好的环境而组织和建立社区足球俱乐部。其中，教会发挥的作用很突出。教会从城乡中引导大批儿童和少年，成立青少年足球俱乐部，它们从收容的儿童和少年中挑选自己的球员，成立足球训练队，进行有效的训练并参加比赛。这些孩子不仅有机会学习文化知识，还可以通过足球运动进行社交，完善人格，并且获得生存技能，学会与人相处及更好地融入社会。足球运动为社区人群带来了教育、健康与和谐等。

除了社会人员自发组织的形式外，在公园中踢球的民间组织也在兴起。通过踢球熟识的人，会组织小团体进行有规律的赛事，这是社区足球形成规模的雏形。经过长时间的发展，当初的一些小团体经历了职业化过程，由小团体的业余社区足球组织发展成半职业性质，再逐步由半职业化球队经职业化转变为超级俱乐部。尽管如此，超级俱乐部之外还存在着大量的业余爱好者，他们的数量比职业足球团体更加庞大。但是，也正是足球俱乐部的社区公共服务在长时间发展，在由非职业化向职业化的转变中，形成了由自发性的组织行为转变为定位准确且有更多人参与的俱乐部形式，在这个过程中俱乐部可以获得更多资金投入，在组织管理上提高了效率，能够提供更好的社区服务。

但是，商业化的不断侵蚀，使得原本单纯的社区足球文化受到了一定的影响。英国足球提供的公共服务主要针对的是俱乐部或俱乐部球场所在地的居民社区。在这样的背景下，"英超社区行动"被提出并推广，它由两大基金提供资金支持，形成了三大计划和 13 个小项目。在整个"英超社区行动"中，无论是在成年人、青少年还是场地建设方面都取得了巨大的成绩，受益人达到 70 万人。他们使用"英超社区行动"资助建立的社区场地和设备进行体育锻炼、训练和比赛。在场地方面，有500 余块人工草皮足球场通过足球基金会的资助建成，并已投入使用；在青少年方面，4158 所学校参加了英超的培训教育项目计划，超过 54万青少年参与了该行动的培训资助项目计划。据英超官方数据报道，在2006—2016 年的一项英超足球激励项目中，青少年是该项目的主要受益者，有超过 15 万的青少年参与其中，并且参与该项目的社区青少年发生社会不良行为的情况减少了 50%。青少年问题一直是英国社会的突出问题，在英国社区中存在着诸多弊病，如青少年犯罪问题、健康问题和种族问题，足球社区活动的开展在这些方面发挥了积极的作用。

2004 年，为更好地促进社区体育的发展，为社区体育俱乐部建设提供良好的宏观环境与现实目标，英格兰体育理事会推出社区体育俱乐部的标准化认证工作①。Clubmark 是基于社区工作的标准化的认证标

---

① Department of National Heritage. Sport-raising the Game. London：DNH，1995.

准,它能够有针对性地优化社区体育俱乐部的服务流程和塑造社区体育品牌优势的管理技能。在多年的推广和实践中,以可提供更优良的社区服务而闻名的 Clubmark 已经成为英国体育俱乐部的著名标志。它的目标主要有:①帮助社区中参与体育运动的民众提升其运动技能水平;②为青少年及儿童提供适合他们当前发展需求的运动项目、提供设施相对完善的体育活动场所和体育组织;③帮助成年人甄别适合自己的运动项目并加入不同类别的体育俱乐部以发展这项运动技能;④为所有俱乐部提供一个联合的平台,共同提供高水平服务,提供标准安全的体育设施与健身服务;⑤监督社区体育俱乐部能够按照权威认证的通用标准进行管理和运营,促进俱乐部健康可持续发展;⑥使 Clubmark 得到社会的一致认可。Clubmark 的建立和推广,不仅规范和发展了社区体育俱乐部,还构建了英国规模化的大众体育发展模式,促进了英国大众体育事业发展和人们身体健康,对于丰富民众的业余生活等都有着重要的作用。[1]由此可见,英国足球俱乐部乃至英国体育公共服务发展的基础是社区。社区球迷和俱乐部形成的紧密的社会关系让俱乐部逐渐壮大,而支持者与俱乐部共同成长,在俱乐部发展壮大或起落兴衰的历程中成为最忠实的球迷群体,也为英国足球的发展奠定了最为稳定的基础。[2]

四、球迷文化

英国职业足球俱乐部认为,球迷是最重要的利益关系群体,球迷群体维护和传承着俱乐部的历史与文化,是俱乐部发展的基石。

历史上,英国第一批足球俱乐部大都是由教会、工厂、酒吧和学校等建立的,这些社会组织都在本地有着比较大的影响。例如,阿森纳足

---

① Sport England 2013. Clubmark background. http://www.clubmark.org.uk/what-clubmark/clubmark-background[2014-06-13].

② Simon M. Creating chances: The Premier League's corporate social responsibility programme. Journal of Sponsorship, 2010, 4 (1): 15-25.

球俱乐部来自伦敦伊斯灵顿区，托特纳姆热刺则代表了伦敦哈林盖区，伦敦哈默史密斯-富勒姆区出现了切尔西，埃弗顿、富勒姆以及南安普敦、阿斯顿维拉等俱乐部也是在其所在的教会区域范围内成立的。不同地域有着不同的发展产业，也使球迷在参与赛事的过程中逐渐形成了受不同职业和产业文化影响的群体，如斯托克城足球俱乐部所在地区高产煤炭和陶土，其队伍的昵称就是"陶工"；谢菲尔德联足球俱乐部所在区域是英国重要的钢铁产地，阿森纳足球俱乐部和西汉姆联足球俱乐部则分别形成于皇家兵工厂工人区和泰晤士河钢铁厂工人区，扛着大锤子的工人成了球队最好的代言人。工人们有着各自不同的职业特点，使得这些俱乐部在建立和发展过程中在球队文化上体现了不同工人的特色。这种由地域文化形成的具有相当长历史和阶层因素的传统让球迷对俱乐部有着足够的忠诚度，使对俱乐部的支持也被带进了家庭生活，足球是个人和家庭生活的重要组成部分，业余生活中参加比赛、观看赛事等活动时支持球队显得格外重要，也是生活中的重要娱乐项目，这也是球迷文化形成的初期阶段。20世纪中叶，随着城市化进程的加快，足球的商业化让这项运动开始承担更多的商业价值，著名球星的打造以及广播电视权的销售让英国足球文化从社区文化转变成了全球文化。随后，被资本控制的顶级俱乐部逐渐把球迷视为其榨取利润的对象，观看现场比赛的门票价格不断提高，有些还需要支付较高的会员年费，越来越多的球迷因负担不起高额的现场门票费用而无法实地参与支持自己喜爱的队伍。高额的票价让曾经的支持者主体——工人阶级，越来越远离比赛现场。更多的球迷不得不通过建立新的社区俱乐部来表达自己对足球和球队的喜爱与支持，传承对社区足球俱乐部的情感共鸣。

在当代，球迷的力量可以直接转变为对资本的影响，足球俱乐部的管理决策层不断地认识到球迷支持者的重要作用。不仅如此，随着商业化的影响，球迷参与职业足球俱乐部的形式变得丰富起来，他们可以通过信托组织购买自己喜爱的俱乐部的上市股票，间接地参与俱乐部的运

营管理。英足总曾对英国球迷的忠诚度和球迷能量进行过调查，有 50%
的球迷连续支持某一球队在 25 年以上，这些忠实而又庞大的球迷队伍
中蕴藏着庞大的"球迷资本"。由核心球迷支持者组织的支持者信托组
织可以出面同政府机构进行协商，对濒临破产的俱乐部重建这种俱乐部
发展的重大事件发挥作用。同时，对俱乐部的忠诚是足球文化中一种重
要的思想和传统，代代传承，青少年在父母和朋友的影响和熏陶下不断
接受和传承这种文化，以此培育新一代青少年球迷。这种亚文化的传承
和表现是无法通过经济性行为来获得的。

　　不难看出，忠诚和热心是英国球迷的核心品质，哪怕是球队遭遇
降级，全场球迷仍然会忠实地支持自己的球队。服装、口号、队歌
等是球迷文化的重要体现。例如，影响力很大和传播度很高的利物
浦足球俱乐部的球迷的口号是"You'll never walk alone"（你永远不
会独行）；在球队几十年起伏发展过程中，同名队歌依然是安菲尔
德球场（利物浦足球俱乐部的主场）不断响起的音乐。英国著名学
者 R. Giulianotti 以传统化、商业化和热情、冷静维度为标准将现代
球迷划分为支持者、追随者、"粉丝"和游荡者四个群体[1]。在足球
领域中对英国球迷的研究最多。但是，丰富的球迷文化也会带来负
面影响，即众所周知的"足球流氓"。为了解决英国"足球流氓"
问题，2004 年，英足总推出了一个名为"英格兰足球总会新球迷计
划"的规则，计划的核心要求是申请加入球迷协会的会员必须以书
面形式提供"自我陈述"，在该陈述经国家犯罪情报局和足球处罚
机构严格审查通过后，球迷才能成为球迷协会会员。并且，俱乐部
在组织球迷前往客场观看球赛或销售球票时，也会在数据库中增加
筛选机制。

　　英国是现代足球的发源地，足球文化和传统源远流长，也有着世
界上最狂热的球迷群体，英国球迷与俱乐部之间形成了荣辱与共的关

① Giulianotti R. Supporters, followers, fans and flaneurs: A taxonomy of spectator identities in football. Journal of Sport & Social Issues，2016，26（1）：25-46.

系，球迷对自己的群体有着高度的认同，对自己的身份认知、群体数量、观赛视觉效果都非常在意。可以说，英国球迷文化是其足球文化的核心。而球迷的组织规范也在不断提高球迷的整体素质和集体认知，这也是发展和繁荣整个足球产业文化的重要部分。吸引更多球迷支持者参与、观看足球赛事，不仅是俱乐部投资建设比赛场地的动力，也可吸引投资者对比赛场地所在区域的城市建设、基础设施等进行投资。

综上所述，英国职业足球的地域化发展植根于本国历史文化的深处，带着英格兰、苏格兰、威尔士和北爱尔兰各地的特点不断发展壮大，深入民心。在现代大学、媒体报纸、社区、教会等因素的综合推动下，各个地区形成由所在地居民支持的足球场所的地域性发展。俱乐部名称作为其品牌形象的核心要素，是球队在支持者心中的标识，而英国足球俱乐部一般以城市或区域相关因素命名，容易识别又具有个性化，有利于引起本地支持者的情感共鸣。地域的、文化的、历史的和阶层的联系又让传统球迷对俱乐部充满了忠诚感，参与俱乐部的活动是个人和家庭生活的重要部分，融入一生当中。球迷不但是足球俱乐部的情感和精神支持者，还是参与观看或欣赏足球比赛和购买产品的“消费者”。同时，他们还是参与促进俱乐部健康运营和管理的参与者，是俱乐部的经济支柱，也是俱乐部与区域社区之间连接的纽带、协同发展的桥梁。俱乐部的生存和发展依赖于球迷购买带来的商业收入，球迷还可通过购买俱乐部的股权来保持俱乐部的稳定。英国足球俱乐部公共服务所针对的社区主要指的仍然是俱乐部或俱乐部球场所在地的居民社区，对于社区、社会和政府而言无疑是具有巨大的社会服务意义的。在有些情况下，俱乐部与比赛场地的区域社区的交流和协商非常重要，如果无法得到区域社区的支持，俱乐部将无法生存下去，俱乐部众多利益关系者之中最重要的也是球迷和比赛场地的区域社区。

第四节　英国职业足球俱乐部地域化 与名称非企业化的技术环境

一、俱乐部足球场地设施

英国职业足球产业的快速发展也源于技术和制度的变革。英国足球俱乐部和区域社区为政府提供巨额资金支持,而比赛场地的投资建设与加强运动员训练管理工作相辅相成,为俱乐部经济效益与比赛成绩的提升贡献重要力量。

据相关学者以英超俱乐部为对象的实证研究,在足球比赛场地内部,球迷观众可以观察到赛场服务的实体性要素,但那些较难觉察的、能为球迷观众提供周到服务的系统才更为重要。足球比赛场不仅仅是一座建筑物,还有真正能为球迷观众提供服务的场地服务系统,服务系统是由现场球迷观众和职业足球俱乐部、场地等多种因素共同形成的。英国早期的俱乐部场地也仅靠租借,但是租赁场地组织运营比赛,提供的服务体系不够完善,难以保障良好的比赛组织运营和观赏效果等。

引起英国政府重视场馆问题的事件是1989年4月15日发生的震惊英国乃至世界的希尔斯堡惨案。当天谢菲尔德市希尔斯堡体育场举办利物浦与诺丁汉森林队比赛,比赛开始后有5000名球迷没有入场,他们因一起涌入看台而造成96人丧生、200多人受伤。这次悲剧的发生与比赛场地设备陈旧、观众座席不足、赛场长期失修等有关,英国政府认识到了场地安全的重要性。场地不仅是足球比赛进行的场所,更是广大球迷观众支持足球产业发展的场所,也是俱乐部和政府获取收益的场所。从1992年英超创办以来,在16年的时间里,英国92个职业足球俱乐部在各自场地新建与修缮方面的投入金额高达 30 亿英镑。英超平均球迷观众容纳率达到 93%，排名在前 12 位的顶级球队比赛时球迷观众容纳率高达 96%以上，因此，扩大比赛场地是满足不断增加的球迷观众观看足球赛事需求的最有效办法①。

英国足球俱乐部在场地所有权上有着明显的优势。极具商业性与投资性的英国职业足球领域意识到比赛场地成为俱乐部能否健康发展的至关重要的影响因素，而欧洲其他联赛基本还是从地方租借场地组织运营赛事。长期不断地投资比赛场地建设有两点重要原因：①英国几乎所有的职业足球俱乐部以股份制公司的形式存在，比赛场地原则上属于俱乐部的私有财产；②英国政府有投资修缮与完善比赛场地的义务，政府必须保障球迷观众有一个能够安全观看足球比赛的环境。

虽然付费电视、付费网络视频非常普及和发达，但是在现场观看足球比赛的气氛和体验是无可替代的。现场体验中，场地设施不仅是赛事的载体，也是球迷体验的载体，它成为不可出售和不可取代的俱乐部的重要资源。英超将电视转播权出售获得的部分收入用于比赛场地设施建设，再通过比赛日收入资金的流动再生，实现比赛场地建设的可持续发展。同时，比赛场地的环境设施也影响电视转播效果，是广告赞助和相关商品销售的途径，对提升俱乐部整体运营水平有着积极作用。不仅如此，比赛场地还是球迷的感情寄托场所，具有纪念和怀念的意义，观看比赛和旅游参观都会带来直接收入。因此，足球赛场建设是保障球场安全、俱乐部商业运营、赛事营销、提供球场服务、球迷情感寄托等多重体系中的关键环节，这些因素驱动着英国足球赛场投资建设持续发展。收入增加又刺激俱乐部投资重建或修缮比赛场地，吸引更多球迷观看欣赏足球赛事，投资重建或修缮比赛场地对所在区域的城市形象、旅游产业等方面有着积极的影响。

---

① 赵来安，张鲲，王琴梅. 英国足球产业成功要素及其影响研究——关于比赛场地、球迷（支持者）与区域社区. 山东体育学院学报，2015，（6）：38-41.

二、俱乐部主场的办赛条件

　　俱乐部主场的办赛条件代表了球队的综合实力。曼彻斯特有两座著名球场——老特拉福德球场和新曼城球场（图3-1），前一座具有悠久的历史，后一座具有顶级的智能系统。两个赛场的办赛条件和安全保障都是欧洲顶级水准。老特拉福德球场是英国曼联足球俱乐部主场，被称为"梦剧场"，是英格兰三座欧洲足球协会联盟五星级球场之一。在老特拉福德观赛的记者形容它："这是我见过最大、最漂亮、最宽敞及最舒适的球场。作为一个足球场来说，这个确实是无可匹敌的，亦为作为球场主队的曼联带来了荣誉。"

图3-1　新曼城球场

　　观众的观赛体验是衡量办赛条件的重要指标。在这样的观念指导下，世界顶级足球俱乐部曼城足球俱乐部与若干世界著名的足球赛事系统供应商进行合作，打造了全球第一套智能体育场系统。多家国际著名公司大力支持打造这一系统，在智能体育场系统的设计和实施过程中惠普公司、思科公司等全球著名科技公司为曼城足球俱乐部提供了完整的服务。首先，智能体育场需要完备的无线网络系统设计和规划，设备的调试和安装需要现场勘察和具体系统安装，此外还包括惠普 iPAQ 的集成以及整体系统测试等工作。其次，要为智能体育场系统提供相关的硬件和软件系统支持，不仅有草地合成增长系统（Desso Grass Master），还有智能卡（Smart Card）服务系统 。智能卡的使用可以让每分钟的进场观众达到 1200 人，并且智能卡服务系统能够实现在无人监控和管理的状态下顺利运行，包括观众入场、客户数据采集和整理，并可建立数据库。不仅如此，曼城足球俱乐部智能卡还能协助更多的工作和满足更多的需求：①通过卡片进行现场观看比赛的球票的销售；②提前在互联网上购买球票；③无需纸质球票，直接持电子球票入场；④可充当电子钱包进行购买球票、商品等交易；⑤提供观众到场的数据记录，采集数据后建立准确完整的数据库；⑥协助俱乐部的电子商务和实现信息共享；⑦协助俱乐部家庭参与计划等。为了准确地记录和完善客户的资料，实现良好客户关系的管理，曼城足球俱乐部制定了"人手一卡"的原则，一位持卡人有一张智能卡，而且要与持卡人的俱乐部会员身份保持一致，持卡人任何一次的购买行为都能够被记录在俱乐部的客户关系管理数据库里，通过大数据的分析制定更有针对性的销售策略和提供更完善的俱乐部服务。此外，针对远距离的俱乐部会员，智能卡中的旅行者服务能够为其提供远程购票和协助安排住宿等服务。与传统的纸质票只作为观看球赛的凭证不同，智能卡实现了多功能的应用和更加灵活与便捷的使用体验，能够为俱乐部球迷和赞助商提供更精准的个性化服务，也带来了更好的服务体验。①曼城智能体育场系统的使用得到了预期收益反馈，取得了非常显著的社会和经济效益，使曼城新体育场具有不断完善的现代化的办赛条件。

三、数据采集和技术分析

科技日新月异，体育比赛大数据显得至关重要。大多数英超球队主要使用英国本地的 Opta 比赛数据软件，进行比赛数据的统计与分析。

① Patel D, Burrows S, Uys E, et al. Designing the city of Manchester stadium. The Arup Journal, 2003, （1）：25-36.

Opta 软件可以记录和提供每一场足球比赛中的每一次触球动作，可为生成赛程、赛果、实时比分、积分排名、文字直播、球队场上统计数据、球员场上统计数据、阵容、球队比较、球员排名、球队排名、比赛时间进度轴、比赛数据统计等实时数据提供支持。这类视频捕捉分析功能是通过比赛直播或对视频进行观察和记录，将赛事中的球员、位置、时间点、发生事件进行结合，在计算机上进行数据的统计和加工，得到数据汇总于数据库。通过数据的自动整理分析，教练员、球员和科研人员等可以按照各自需求，根据战略战术、训练比赛和科学研究的不同需要，生成相应的图表、视频和动画。穆里尼奥在执教切尔西时，就曾通过比赛数据的统计与分析决定球员的购买条件，而俱乐部也把球场上球员的比赛数据和平时训练数据放在球队科研工作的重要位置。近年来，可穿戴设备也在足球运动中广泛应用，其可直接穿戴在身上，也可内置到球员的队服、球鞋中，通过远程传输将运动员在球场上的数据通过互联网传送至计算机等终端设备，再通过软件的整理与分析，进行数据解读。

在足球科研领域，英国利物浦约翰摩尔斯大学在足球数据领域的研究方面首屈一指，它下设的运动与锻炼学院致力于与足球领域相关的科研工作。运动科学教授托马斯·赖利和运动行为学教授马克·威廉姆斯都具有丰富的足球领域的科研经验。英超的阿森纳、切尔西和埃弗顿等多家俱乐部和欧洲一些国家的足协也与他们有着密切的科研项目合作[1]。他们开创了早期的比赛数据符号记录和现代的视频捕捉分析技术，并且主办足球与科学的国际会议，每届会议都包括计算机辅助比赛分析的主题[2]。

对足球比赛数据技术和信息采集的重视，使得足球比赛的内涵显得更加丰富，同时，体育科研在足球运动方面的研究进一步拓展且更加细致，为足球技艺的进步与球员技术更精准的分析做出了贡献[3]。

[1] Mohr M，Krustrup P，Bangsbo J. Match performance of high-standard soccer players with special reference to development of fatigue. Journal of Sports Sciences，2003，21（7）：19.
[2] Christopher C，Williams A，Reilly T. Handbook of Soccer Match Analysis. Oxon: Routledge, 2005.
[3] Perl J，Grunz A，Memmert D. Tactics in soccer: An advanced approach. International Journal of Computer Science in Sport，2013，12（1）：33-44.

综上所述，英国足球在初期使用租借场地来组织运营比赛，这导致服务不够完善，无法保障比赛组织运营的良好效果。在足球观众日益增加、对球场需求不断提高的环境下，球场建设成为足球产业发展的主要问题，它涉及比赛日安全、球队商业运营、赛事转播、球场服务、商业赞助等多重体系中的关键环节，也是英国职业足球俱乐部地域化的一个重要组成部分，这些因素驱动了本地足球赛场投资建设的持续发展，吸引了更多球迷支持者观看欣赏足球赛事，同时促进了所在区域社区的经济、社会、文化、教育共同发展。随着俱乐部场地在俱乐部发展中日益重要，智能体育场系统能为足球俱乐部提供与球迷、赞助商等利益相关者紧密联系的途径。智能体育场系统可以实现与体育场的完美结合，帮助足球俱乐部实现以市场为导向的经营策略，成为俱乐部的无形资产，提升足球俱乐部的品牌价值。智能系统在比赛中可对视频进行捕捉分析，加上可穿戴设备的配备已更为普及，它们通过比赛直播或对视频进行观察和记录，将赛事中各种事件进行汇总，利用计算机进行数据统计和分析，形成独一无二的庞大数据库，这些数据可以提供给教练员、球员和科研人员等，使其按照各自需求，满足制定战术、训练和科研的不同目的。

第五节　英格兰超级职业足球俱乐部
名称的相关特点

依据 2017 年 2 月 Football Database 发布的世界足球俱乐部的排名，我们对前 30 名中的英超 5 支百年俱乐部进行了研究，发现这些俱乐部除始终采用中性化名称并保持稳定外，在与名称相关的几个因素方面也存在一定特点。

一、俱乐部的先天性独立运作

1885 年，英足总正式确认了职业球员的合法地位。1888 年，全球第一个足球联赛正式开始，为俱乐部提供了稳定的门票收入。在英格兰足球职业化的早期，成千上万的年轻工人依靠踢球赚钱谋生。20 世纪初期，俱乐部显现出高于普通企业的赚钱能力，职业球员的周薪已经达到 4 英镑，20 年代时攀升到了 9 英镑，是一般工人的两三倍。

早期的俱乐部不仅能够自给自足，而且足球成为商业助推剂，俱乐部因此获得丰厚利润。球员成为相关药品的代言人、足球比赛手册成香饽饽、小商品大行其道等俱乐部的商业活动，使"足球确实是一个印钞机器"。

在 1966 年英格兰世界杯中，对吉祥物的开发是历史上第一次对体育产业的大规模开发，这种方式成了俱乐部、足协、联赛招标冠名权的方式，这比 1985 年创立的奥林匹克全球赞助计划早近 20 年。不仅如此，个人赞助球员或者企业赞助比赛成为趋势。1979 年利物浦足球俱乐部成为第一个把球衣胸前广告卖给赞助商的俱乐部，接着 1982 年联赛冠名也被赞助商垄断。赞助制的引入意味着企业与足球挂钩需要投资，足球俱乐部不仅没有成为企业的附属，反而成为企业竞相合作的伙伴。

总之，初期的英格兰职业足球俱乐部，先天性地摆脱了企业的限制，这为俱乐部非企业化名称奠定了基础。在后期的发展过程中得益于足球产业的开发，俱乐部依靠品牌赚钱效应明显，这为保持其名称的非企业化提供了保证。

二、私有公司性质为主体的股权集中

从表 3-2 可知，5 家俱乐部中只有阿森纳足球俱乐部为特殊的公共股份有限公司，其余都是私人有限公司，直接控股公司全部都拥有 100%的俱乐部股权。

表 3-2　英超知名职业俱乐部相关信息统计

俱乐部名称	俱乐部性质	直接控股公司及其股权	终极母公司及其股权
切尔西足球俱乐部	私人公司	切尔西股份有限公司 股权100%	福德斯塔姆有限公司 股权100%
利物浦足球俱乐部	私人公司	UKSV 控股有限公司 股权100%	芬威体育集团 股权100%
曼城足球俱乐部	私人公司	城市足球集团 股权100%	阿布扎比财团 股权≥75%
阿森纳足球俱乐部	公共股份有限公司	阿森纳（足球控股）有限公司 股权100%	克伦科英国体育投资公司（美国） 股权66.8%（阿森纳控股股份公司）
曼联足球俱乐部	私人公司	曼联股份有限公司 股权100%	红色足球有限公司 股权≥75%

注：在工商注册系统中，俱乐部名称与公司名称确实不同。为了便于理解，直接把公司名称用俱乐部名称代替。依据英国相关法律，≥75%为英国官方标准，其他根据各公司2016年发布的年报统计

　　阿森纳足球俱乐部与终级母公司虽然名义上为公共股份有限公司，但俱乐部股权完全由直接控股公司掌握，而终级母公司阿森纳控股股份公司则发行 62 219 份股票，仅在特殊的市场交易且量很少。目前克伦科英国体育投资公司（美国）股权占到近70%，与红与白证券公司联合控股达到97%以上，也显现出私有化与股权集中的特点。

　　从各家俱乐部的发展历史看，利物浦足球俱乐部与曼城足球俱乐部都曾注册为股份制，但分别于2007年6月与2007年8月改为私人公司；切尔西足球俱乐部以前的控股公司为股份制公司，在2016年被私人公司取代；曼联足球俱乐部的直接控股公司，1991～2005年6月在伦敦证券交易所上市，此后被美国人格雷泽及其家族收购并私有化而退市。2012年曼联股份有限公司在美国上市，是将红色足球集团与曼联集团等相关企业打包而来，并实施分红权与投票权分离的"双层股权结构"，牢牢控制着俱乐部的决策权。在英国工商系统中，作为直接控股公司的曼联股份有限公司以及其终极母公司红色足球有限公司，均为私人公司。

　　俱乐部股权决定着投资者对公司的掌控与收益的划分，所以是投资

者追逐的关键要素。整体来看，5 家俱乐部都显现出以私有化为主体、股权绝对集中的特点。

三、直接控股公司与终极母公司的专业性

专业性首先体现在终极母公司的行业特征方面。终极母公司也都有着丰富的体育领域投资与运营经验，见表 3-3。如克伦科英国体育投资公司（美国）还拥有 NBA 球队丹佛掘金队、美式橄榄球联盟球队圣路易斯公羊队；芬威体育集团是美国职业棒球大联盟的波士顿红袜队、一支纳斯卡车队，以及新英格兰体育网络电视频道的老板；阿布扎比财团也涉足体育界，曾斥巨资买下罗比尼奥、特维斯、巴洛特利、莱斯科特、哲科和亚亚·图雷等数十名著名球星。

表 3-3 直接控股公司与终极母公司主营业务统计

直接控股公司	主营业务	终极母公司	主营业务
切尔西股份有限公司	职业足球俱乐部运营；餐饮与活动设施；零售与媒体开发；等等	福德斯塔姆有限公司	职业足球俱乐部运营；餐饮与活动设施；零售与媒体开发；等等
UKSV 控股有限公司	控股公司，参与、决定俱乐部发展策略	芬威体育集团	体育投资营销
城市足球集团（前期为其下属的曼城有限公司）	职业足球俱乐部经营与足球相关服务	阿布扎比财团	涉及石油、天然气、房地产、建材、海运、旅游、影视、体育等多个领域
阿森纳（足球控股）有限公司	体育俱乐部的运营	克伦科英国体育投资公司（美国）	投资各大体育俱乐部
曼联有限公司	体育俱乐部的运营	红色足球有限公司	体育俱乐部的运营

直接控股公司的设置也显现出极强的专业性。在组织结构设置方面，直接控股公司起到桥梁作用，终极母公司一般通过直接控股公司实现对俱乐部的掌控，自己并不直接控制。直接控股公司还起到品牌"缓冲带"的作用，终极母公司一般只会更换直接控股公司，而不会改变俱乐部名称。如福德斯塔姆有限公司、城市足球集团分别是在 2016 年取代了原下属的

切尔西股份有限公司与曼城有限公司成为直接控股公司。也有继续沿用原直接控股公司名称的投资人，如克伦科英国体育投资公司（美国）收购阿森纳后，直接控股公司名称依然延用俱乐部的原直接控股公司名称。

  直接控股公司的运作也体现了极强的专业性。各个俱乐部年报显示，直接控股公司的主要职责是巩固与改善财务状态，其战略目标与俱乐部完全一致或者稍微宽泛一些。在 5 家直接控股公司中，其主营的业务都属于与职业俱乐部运营相关的范围，各直接控股公司的年报反映出，各个直接控股公司名下还有相关的其他俱乐部，但都是以所控制的职业俱乐部作为主营或者唯一业务。

四、俱乐部相关产业的集团性

  从 5 家英超俱乐部来看，除利物浦俱乐部之外，每家俱乐部的直接控股公司都形成了以职业俱乐部为核心的庞大的产业群。以阿森纳与曼联为例，其直接控股公司下属的足球俱乐部或与体育俱乐部相关的公司数量分别达到了 18 家与 10 家。从相关产业群公司的营业性质来看，公司的业务涵盖了商业、体育场馆、金融、女子足球、资产管理、国外相关产业开发等（表 3-4），已经形成了裙带式的产业结构。

表 3-4   阿森纳与曼联直接控股公司下属公司名称

俱乐部	相关产业链公司
阿森纳	阿森纳足球俱乐部股份公司；阿森纳（阿拉伯联合酋长国航空公司体育场）有限公司；阿森纳海外控股有限公司；阿森纳海外公司（泽西岛）；阿森纳证券股份公司；阿森纳体育场管理有限公司；阿森纳女子有限公司；阿森纳足球俱乐部亚洲私人公司（新加坡）；阿森纳体育场管理控股有限公司；阿什伯顿贸易有限公司；HHL 控股有限公司；AOH-美国有限公司（美国）；海布里球场控股有限公司；阿什伯顿财产（北三角地区）有限公司；德雷顿公园贸易公司有限公司；昆士兰路贸易公司有限公司；阿什伯顿财产控股有限公司；ATL（控股）有限公司
曼联	曼联商业（爱尔兰）有限公司；曼联足球俱乐部有限公司；曼联互动有限公司；曼联商业控股有限公司；曼联商业控股；曼联金融股份公司有限公司；曼联 RAML 有限公司；曼联电视有限公司；阿尔德利城市投资有限公司；青年有限公司

  注：曼联指英国曼联有限公司下属企业，而非美国上市曼联股份有限公司

在相关产业群公司的名称方面,多数直接控股公司包括其下属子公司围绕俱乐部名称来命名,形成了以俱乐部为核心的产业家族。在表3-5中,3家俱乐部的直接控股公司与俱乐部名称一致。在下属的产业群公司中,与俱乐部采用同名的公司多达31家,而采用其他名称的公司只有13家。

从品牌角度来看,俱乐部的相关产业呈现的集团性特点,一方面可以较为全面地开发出俱乐部品牌价值,另一方面保持了俱乐部品牌的稳定性与延续性,很难轻易改变名称。

表3-5 5家俱乐部相关产业群公司的名称统计 单位:个

俱乐部	直接控股公司	直接控股公司下属相关产业群公司		
		与俱乐部同名数量	与直接控股公司同名数量	其他名称数量
切尔西	切尔西股份有限公司	8	8	2
利物浦	UKSV控股有限公司	2	0	0
曼城	城市足球集团	5	10	0
阿森纳	阿森纳(足球控股)有限公司	8	8	9
曼联	曼联有限公司	8	8	2

第六节　英国职业足球俱乐部地域化与名称非企业化的启示

对比中国和英国两个国家的情况,两国在政治体制、历史文化等方面各具特色,足球运动发展的过程也不尽相同。因此,发展足球运动所需要的宏观环境、政策体制会有差异,但是,俱乐部发展,尤其是俱乐部地域化和名称非企业化的规律是有共同性的,中国已经具备了当初英国实现职业足球俱乐部地域化和名称非企业化时的经济条件。在实现俱乐部地域化和名称非企业化方面,英国的经验对我国的启示有如下几点。

1）在管理上，要创新中国特色足球发展模式，作为全国足球运动领域的社团法人，中国足协可借鉴英足总的模式，明确职责和定位，实行政社分开、权责明确。

2）在竞赛体系设计上，要扩大竞赛规模，增加竞赛种类，逐步形成赛制稳定、等级分明、衔接有序、遍及城乡的竞赛格局，尤其要注重职业联赛、区域等级赛事与青少年等级赛事、校园足球赛事的有机衔接，实现竞赛结构科学化。

3）在赛事转播上，我国应实现足球赛事电视转播权有序竞争，改革足球赛事转播收益分配机制，确保赛事主办方和参赛主体成为主要受益者。创新足球赛事转播和推广运营模式，探索传统媒体和新媒体在足球领域融合发展的实现形式，增加新媒体转播和运营的市场收入。

4）在足球俱乐部发展上，应明确俱乐部股权结构，完善俱乐部法人治理结构，加快现代企业制度建设，实行政府、企业、个人多元投资，鼓励社会力量发展足球，形成合理的投资结构。

5）在足球社区建设上，俱乐部需要为社区服务，使社区成为足球俱乐部公共服务的主要受益者，社区球迷和俱乐部形成犹如"家人"般的关系，成为俱乐部最可信赖的球迷群体，成为俱乐部发展的基石。

6）在场地建设上，各级政府应因地制宜地建设足球场地，鼓励俱乐部所在地政府以足球场馆等资源投资入股，使主场在一个区域扎根，促进所在区域社区的经济、社会、文化、教育共同发展。

本 章 小 结

英国是世界上体育产业起步最早、发展最快的发达国家，也拥有商业化运作最为成功的足球联赛体系。英国足球产业闻名于世，总产值在全英体育产业产值中占有举足轻重的位置。英国足球产业通过比赛日、电视转播和赞助等多种渠道创造着极高的商业价值;而英超作为世界第一大联赛影响力巨大。英国职业足球和职业足球俱乐部实现了地域化发展,俱乐部一般以城市或区域相关因素命名,主要原因有以下几点:①英国足球地域化发展源自具有各民族特色的传统历史和文化,发端于现代大学、社区、教会等本地组织,当地各阶层爱好者的支持及媒体传播等多种原因使其根植于民众。②英国职业足球的地域化发展得益于政府的政策和管理体制对职业足球产业的发展进行调整、规范和指导,并建立完善的俱乐部管理体制、十级联赛体制,形成自上而下、自下而上的全面发展。③俱乐部与当地所属社区以及支持者之间建立了紧密协同的关系,球迷是俱乐部的经济支柱,也是俱乐部和社区协同发展的桥梁。俱乐部的生存和发展依赖于球迷购买带来的商业收入,球迷也可通过购买俱乐部的股权来保持俱乐部的稳定。④英国足球俱乐部所采用的是"公司治理"的经营模式,这种经营模式意味着俱乐部的性质从一种社会的非营利的、地方性的私有制公司转变为企业法人,以利润为发展导向,引入资本更加自由。政府通过在金融、税收、财政等多个方面向职业足球俱乐部及其母公司提供相对宽松的金融政策,保障所有者权益。⑤英国职业足球产业从建立之初就以自主经营、自负盈亏、自我发展的模式存在。职业足球比赛转播、商业开发、场馆建设和使用、门票收入等方面能够在一定程度上支持俱乐部的经济需求。⑥俱乐部主场建设的重要性突出,它是比赛安全的保障、球队商业运营的载体、赛事营销转播中的比赛地点、提供球场服务的场所等多重体系中的关键环节,也是英国职业足球俱乐部地域化的一个重要组成部分。这些因素驱动了本地足球赛场投资建设持续发展,吸引了更多球迷支持者观看欣赏足球赛事,同时能促进所在区域社区的经济、社会、文化、教育的共同发展。⑦通过智能科技手段足球俱乐部从更深层次上有效地对球迷们的需求进行理解和分类,从而为赞助商们提供各种量体裁衣式的赞助项目,以此提高球队比赛成绩,提升足球俱乐部的品牌价值。

总之,英国政府遵从市场经济发展原则,为足球俱乐部提供政策保障和支持。以社区发展为基础是俱乐部生存的重要原则，比赛场地、支持者、社区三者完整结合并相互制约、相互扶持。俱乐部在完成自身发展的同时，为当地提供了相当数量的工作岗位，也为当地政府的税收收入做出了贡献。俱乐部在实现地域化与名称非企业化的过程中，本着完善有形、无形资产的目标塑造俱乐部，使其承载着"利益、价值、文化、共赢"的内涵。

第四章
我国职业足球俱乐部地域化
与名称非企业化的条件

第一节　我国职业足球俱乐部地域化 与名称非企业化的政治环境条件

一、我国职业足球管理体制

（一）我国职业足球管理体制的演变

1. 行政权力主导下的市场化运营方式

改革开放及党的十四大所确立的社会主义市场经济体制,促使各行各业进行管理体制的深刻变革。在中国男子足球队冲击 1990 年意大利世界杯失败后,为了快速提升我国男子足球水平,以及响应管理体制变革的要求,1992 年 6 月在北京郊区红山口召开了全国足球工作会议,商讨足球改革的议题。会议决定以足球作为我国体育工作改革的突破口,足球体制改革争取一步到位,建立职业足球俱乐部体制。1994 年,中国足球正式走上了职业化的发展道路。

由于我国此前一直实行的是计划经济体制,当时还不具备实施职业足球的市场化微观基础,所以,在当时的历史条件下,中国足球采用了非市场的手段推动市场化改革,由带有行政权力属性的足协来担任足球市场化发展的推动者和领导者。

职业足球联赛启动后迅速获得了成功,获得了广大球迷的关注,球市火爆、市场繁荣;社会资金开始逐渐流向职业体育市场,职业体育赛事融资状况得到了改善;商业化的经营机制初步形成,逐步完善了俱乐部自身经营管理模式,经营范围扩大。足协在保有原来的专业管理权力的同时,还获得了对职业足球市场开发的绝对主导权。由行政权力主导的市场改革,赋予了足协双重权力,也给予了足协双重方便。一方面,职业足球所带来的利益增量，不在行政体系的范畴之内，因此，足协在运营职业足球时，可以方便地避开行政体系的监管；另一方面，足协的行政权力属性又可以用于抵挡市场主体要求参与规则制定、利益分配等的诉求，因此，足协未能得到有效的监督和制约。

因此，初期的职业化体现出足球竞赛市场的火爆与管理运行不畅的矛盾。一方面，体育协会逐渐向实体化转变，形成了俱乐部体制的基本雏形，初步形成了职业联赛的球迷市场；另一方面，由于我国体育职业化进程的理论准备不足，存在管理体制和运行机制方面还未理顺，法规建设不健全、不完善以及中国足球运动管理中心（简称中国足管中心）和俱乐部之间产权不明晰等深刻的问题。国家体委和地方各级体委设立专门机构对体育事业进行相关的管理和监督，政府管理部门掌握大部分的管理事宜，国家体委始终处于领导地位。这些在某种程度上制约了足球职业化的进程。

在此矛盾下，足球联赛的问题不断显现。1998 年，广州松日足球俱乐部副总经理利某向媒体爆料，称裁判员陆某"受贿 20 万元"，双方因此走上了法庭。同年 9 月，大连万达集团董事长、大连万达足球俱乐部董事长王某某宣布退出足球界，转让足球俱乐部的全部股份。王某某此举被认为是对中国足坛由来已久的假球黑哨现象的反击。2001 年，浙江绿城、成都五牛、长春亚泰、江苏舜天和四川绵阳五支球队在中国足球甲级 B 组联赛最后阶段的连续假球事件，是中国足球职业化至今最严重的假球案。

"在某种意义上，甲 A 职业化的 10 年，就是一部资本嫁接足球的历史，虽然曾经足球市场繁荣，但由于理论准备的不足以及与市场经济不相符的管理制度，又为足球联赛中出现的假球、赌球、黑哨和官哨等现象埋下了伏笔，也让资本陷入了困境。"①

---

① 唐磊. 《中国新闻周刊》封面报道：中国足球十月革命. http://sports.sina.com.cn/j/p/2004-10-28/15281219756.shtml[2004-10-28].

2. 双轨制下的市场化深入推进

当资本方的力量逐渐强大，而中国足球市场又日益疲软，俱乐部越来越不满中国足协占有联赛所有的场地广告收入和电视转播收入的行为。足协和俱乐部的关系从互相需要又互相抵触的微妙阶段，发展到后来矛盾日益升级、互不信任。

2004 年，中国足协在总结中国 10 年职业足球经历的基础上，为进一步提升中国职业足球竞赛水平和品牌，正式启动了"中国足球协会超级联赛"。但在中超创立的第一年，以大连实德、北京国安为首的七家俱乐部投资人，发动了以"政企分开、管办分离"为主要目标的足球改革，这是足协组建职业联赛以来面临的最大的一次危机。中国足球资本与行政管理权力之间的博弈，使中国足球陷入了全面的危机：从资本到体制，从管理到品牌，从诚信到文化。

2006 年 4 月，为进一步加快中国足球产业的市场化进程，中国足协与所有中超参赛俱乐部共同出资成立了中超联赛有限责任公司（以下简称"中超公司"）。虽然成立了经营公司，但由中国足协完全控股的福特宝足球产业发展公司几乎包揽了所有的经营权，俱乐部只能得到门票和部分广告牌等的经营开发权。资本与行政的矛盾使得俱乐部投资人的利益不能按照市场规律获得相应的回报。

在未做根本性变革的基础上，中国足球职业化在双轨制的推动下继续前进。这种管理方式依然暴露出职业体育的诸多问题。问题一，法制尚不健全。自 1994 年开展职业体育以来，我国针对职业体育的法制环境一直处于不健全状态，由此引发职业体育市场混乱、恶性竞争、维权无门等问题，职业体育发展环境问题不能从根本上得到解决。问题二，政府权限无限扩大，单项协会管理失调，功能异化。国家体育总局各项目管理中心通常占据决策高层，致使各个单项协会、俱乐部失去自主决策职能，使市场化中的生产者身份形同虚设，职业联赛由职业联盟操控。问题三，产权不清，不符合商业化经营模式。①

由于管理体制没有进行彻底的转变，依然是行政权力占主导地位，不符合市场经济以及职业化的发展规律，因此，职业化以来出现的假球、黑哨等各种问题依然没能从根本上得以解决。2008 年 10 月初，武汉光谷称因中国足协违反程序对其进行不公正处罚而退出中超。2009 年，中国足球国家队长期成绩不佳，加上中超管理腐败、赌球成风问题，引起了中央的关注。2009 年 11 月，公安部展开中国足坛反赌风暴行动，大范围打击抑制足球发展中的赌球行为，并于 2012 年 6 月对 7 起足球系列犯罪案的 11 名被告进行了一审公开宣判。其中，中国足协原副主席谢亚龙和南勇、国家队原领队蔚少辉均因犯受贿罪被判处有期徒刑十年零六个月，并处没收个人财产 20 万元，违法所得依法予以追缴。申思等 4 名前"国脚"犯非国家工作人员受贿罪，分别被判处有期徒刑六年至有期徒刑五年零六个月不等刑罚，并均处没收个人财产 50 万元。此次足球反腐是有史以来力度最大和范围最广的。

3. 足球协会的自治管理

足球职业化 20 多年来，中国足球成绩的不断下滑、职业联赛的伪职业化，都表明尽管行政权力可以为市场化改革创造一定的条件，但是，只要行政权力依旧保持着绝对的主导权，而不给予市场利益各方以相应权力，那么，职业足球市场就注定缺乏规则和权力制约，不可能健康、可持续发展，不可能实现真正的职业化。

2015 年 8 月 21 日，习近平在中共中央召开的党外人士座谈会上明确指出："'十三五'时期，我国发展面临许多新情况新问题，最主要的就是经济发展进入新常态。"②而在新常态下，要实现新发展、新突破，制胜法宝是全面深化改革，全面依法治国。③全面深化改革的重点

---

① 史娜. 中国职业体育体制环境的研究. 首都体育学院硕士学位论文, 2015.
② 中共中央召开党外人士座谈会 征求关于制定"十三五"规划的建议的意见. http:// www.xinhuanet. com/politics/2015-10/30/c_1116995911.html[2016-06-15].
③ 李文. 人民日报人民要论：深刻认识我国经济发展新常态. http://opinion.people.com. cn/n/ 2015/0602/c1003-27088631.html[2016-06-18].

则是经济体制改革，经济体制改革的核心则是处理好政府和市场的关系。经济新常态下，更要明确市场在资源配置中的决定性作用和政府在经济发展中的推动作用。只有市场、政府两个方面的作用有机地结合在一起，并通过法治予以切实保障，才能更好地保障新常态下我国社会经济的健康发展。

我国经济发展的新常态，对职业体育改革提出了更清晰的方向和更明确的要求，即职业体育改革的核心是处理好政府和市场的关系，职业体育的发展要坚持市场配置资源、政府引导发展的原则。我国职业足球俱乐部的地域化发展和名称的非企业化进程则体现了这一核心思想。因此，去行政化的管理体制，是职业足球发展的必然要求。2015 年 8 月17 日，国务院足改办印发《中国足球协会调整改革方案》。该方案指出："中国足协与体育总局脱钩"，"撤销足球运动管理中心"，"改变中国足协与足球中心两块牌子、一套人马的组织架构"。按照方案要求，2016 年 2 月，中国足管中心撤销，中国足协与国家体育总局的脱钩基本完成。中国足协成立党委，由国家体育总局党组领导；中国足协成立纪委。中国足协执行委员会作为决策机构，由国务院体育行政部门代表、地方及行业足球协会代表、职业联赛组织代表、知名足球专业人士、社会人士和专家代表等组成。中国足协与国家体育总局脱钩后，国家体育总局不再具体参与足球业务工作，而是给予足球业务工作必要的指导与监管。此次改革，体现出"管办分离"的理念，也符合职业足球发展的规律。

职业足球地域化发展，离不开地方足协职能的发挥。中国足协与国家体育总局脱钩后，地方足协承担何种职责以及经济来源等问题尚未明确。地区内足球发展的基础性工作，如足球宣传、政策引导、青少年培养等，都离不开地方足协的推动与参与。上述基础工作，属于公益性质，政府在政策或资金上应给予保障。加之我国区域发展的不平衡，使得地方足协改革存在很大的差异性，如在足球文化、场地设施、重视程度、人员性质等方面差异较大，改革具有较大的难度和复杂性，需要必要的配套制度。

借鉴英国职业足球产业管理体制,中国足球在管理体制上应该去行政化,政府及其下属相关行政部门不应直接插手职业联赛的管理和运营,不负责联赛的赛程安排和具体事宜,而仅对职业联赛进行业务上的指导。还需建立有效的俱乐部管理体制,像英超的十级管理体制一样,建立多层次、多类别的足球联赛,最大程度调动各类人群参与足球的积极性,提供给足球参与者参加竞赛的机会,使足球发展具有自下而上的发展基础,并且给予相应的政策保障和支持。理论上,中国足协作为半行政单位,根据政企分开的原则,应退出联赛的经营领域。足协更多是在技术上的管理,利益和主权都应归俱乐部所有。由此,大多数俱乐部的利益可得到保护,可积累更多的资金用于队员的训练和后备队伍的建设。

二、职业联赛运营管理

(一)成立"中国职业足球联盟"

2016 年 2 月,国家体育总局副局长蔡振华指出,将尽快成立以俱乐部为主体的专门筹备工作小组,确保在 2016 年中超结束前组建新的具有独立社团法人资格的职业联赛管理机构,即"中国职业足球联盟","新的职业足球联盟,将会按规定在民政部注册,具有人权、财权、物权,有望在年底前成立"。中国职业足球联盟将是与中国足协平行的一级社团法人组织,其内部将设立中超、中甲、中乙三个组,并会设立竞赛、市场、财务、技术、纪律委员会等部门。其中,在与现有的中超公司分工上,目前属于中超公司的赛事组织工作,联盟成立后将交给中国职业足球联盟管理;而商务开发仍由中超公司负责。中甲、中乙的商务开发目前由中国足协市场部代管,而在未来的中国职业足球联盟内部,将会成立中甲、中乙公司,系统负责两级联赛的商务开发工作。[1]

---

① 中国足球联盟年底有望成立. http://news.163.com/16/0223/01/BGFKPDTQ00014Q4P. html[2016-02-23].

中国职业足球联盟是全新的职业联赛管理运营机构，是由各俱乐部投资人组成职业联赛利益共同体，其组织结构和组成人员关系到是否能够彻底实现"管办分离"，决策层的联盟董事会的构成应由各俱乐部推荐，给予俱乐部投资人真正的话语权。投资人拥有职业联赛的所有权，并通过股东大会将经营权授予职业经理人（总裁），并以企业的机制实行市场化运作，开发联赛资源，为联赛的各利益主体实现利益最大化。唯此，才能真正实现职业体育市场的行政管理权与市场经营权相分离。[①]中国足协的工作重心转向对中国足球进行政策引导、保障及监督，而职业联赛的日常管理、组织、实施等具体工作则由中国足球职业联盟负责。从 2011 年起，中国足协"管办分离"的改革工作已进行多年，如此长的时间，说明改革中依然存在观念冲突、政策壁垒，需要克服的困难较多。因此在筹备成立"中国职业足球联盟"的时间节点上，要进一步完善制度建设，建立公平、公正的制度环境，不留之前"政事不分"的隐患。

为此，必须做好以下几方面的工作。

首先，推进政社分离。虽然国家体育总局足球运动管理中心与中国足协已经脱离，但仍有部分业务还没能实现全部独立，如经费预算与使用的分离，应尽快推动中国足协的完全独立。

其次，推行政企分开、社企分开。"中国职业足球联盟应具有以下两个属性：一是具有职业体育联赛利益共同体性质的独立自治组织；二是具有独立法人的企业属性。联盟是以各个俱乐部投资人构成的股份制企业。在此，还必须厘清中国足球协会和职业足球联盟之间的职能和关系。《中国足球改革发展总体方案》规定的足协主要职能包括：'负责团结联系全国足球力量，推广足球运动，培养足球人才，制定行业标准，发展完善职业联赛体系，建设管理国家足球队。''发展完善职业联赛体系'是足协的主要职能之一。也就是说，职业足球联赛须在中国足球协会领导下开展，中国足球协会拥有职业足球联赛的管理权。单项协会

① 杨铁黎. 中国体育职业化发展环境研究. 北京：北京体育大学出版社，2016：273.

通过制定章程、制度、条例等形式对联盟进行管理。"①

最后，"推进职业体育俱乐部的法人治理结构。职业体育俱乐部是职业体育市场的基础，没有真正意义上的职业体育俱乐部（球队）就不可能打造真正意义上的职业体育联赛。因此，推进职业体育俱乐部的法人治理结构是当前我国职业体育改革的重要一环。职业俱乐部法人治理结构中其所有者、董事会和总经理三者之间各自权力、责任和利益十分明确，有利于形成相互促进、相互制约的关系"②。

（二）联赛的市场开发

中超的商业开发采用中超公司整体开发和俱乐部单独开发相结合的方式。中国足协将中超全部赛事及各项活动的商务开发权委托给中超公司。中超品牌、中超标识、中超杯名、中超整体赞助商广告、中超全国性电视转播、中超境外电视转播、中超电视集锦都由中超公司整体经营。中超各俱乐部主场赞助商广告、球队冠名广告、队服广告、其他广告、主场地区电视台转播、赛场门票及其他可能的分散资源，由俱乐部自主经营。

1. 中超公司收入与支出

中超公司的收入主要来源于赞助收入、冠名收入和电视转播收入，从2009—2012年的情况看，中超公司的总收入是逐年上升的（表4-1）。

表4-1　2009—2012年中超公司主要收入一览表　单位：万元

年份	赞助收入	冠名收入	电视转播收入	总计
2009	3 300	4 500	1 700	9 500
2010	6 900	5 000	2 600	14 500
2011	9 000	6 500	1 800	17 300
2012	9 000	6 500	2 930	18 430

资料来源：引自中国足球协会职业联赛理事会2012年度报告

---

① 杨铁黎. 中国体育职业化发展环境研究. 北京：北京体育大学出版社，2016：274.
② 杨铁黎. 中国体育职业化发展环境研究. 北京：北京体育大学出版社，2016：275.

中超公司的支出很简单,人力成本和办公差旅成本每年支出相对稳定,增幅较小,最主要的是给各俱乐部的分成支出(图4-1)。2009—2011年,俱乐部分成的金额总数分别为180万元、290万元、310万元。[1]

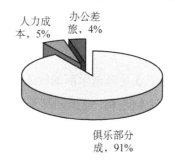

图4-1　2011年中超公司支出情况

资料来源: 2012 中超联赛商业价值报告

中超公司扣除每年给俱乐部的分成、人力成本支出、办公差旅支出,每个赛季仍有较高的收益。2009 赛季的收益为 5000 万元,2010 赛季增加到 9500 万元,2011 赛季在恒大俱乐部的带动下,收益达到 1.08 亿元。2012 赛季,随着“恒大效应”的进一步加大,中超公司的收益有望提高到 1.193 亿元。[1]

2. 俱乐部收入与支出

各俱乐部的收入来源主要是广告赞助、门票以及每年从中超公司获得的分成,多数地方政府对俱乐部有有形或无形补贴。相比于收入来源的单一,支出却是多样化,包括球员薪资、教练员薪资、转会市场、租赁比赛场地和训练场地、安保、差旅等费用。

2008—2010 年,中超俱乐部整体收入变化不大,但支出以 8%的年均增长率递增。2010 年以后,随着足坛“反赌打黑”事件告一段落,社会各界重新关注中超,广州恒大等俱乐部纷纷加大对足球的投入力

---

① 解构中超公司: 三大盈利模式 足协领导下前行. http://sports.163.com/12/0530/10/82OEO5QG00050701_4.html.

度，使得中超俱乐部在收支两方面实现了较大增长，2011 年中超俱乐部整体首次实现了 4900 万元的小幅盈利。①但高额的成本支出始终是俱乐部盈利的障碍，如果不能开源节流，随着成本的不断上涨，盈利将越来越困难。

3. 联赛市场开发存在的问题

如前文所述，我国职业足球俱乐部的收入来源有限，加之支出成本过高，使得俱乐部难以大幅盈利，而盈利却是市场经济中企业的终极目标。在巨额投资不能获取收益后，各俱乐部难以坚持继续运营，屡次出现俱乐部更名的现象。可以说，入不敷出是职业足球俱乐部名称更迭的直接原因，而不健全的职业市场体系则是造成俱乐部盈利困难的主要原因。目前，中超公司和俱乐部在市场开发过程中尚未形成合力，而是全力获取自身的最大利益，由于利益的分裂，整个联赛资源分散，市场开发效果不佳。现有制度若不能促使达到一种利益均衡状态，联赛将始终难以健康运营。

《中超联赛有限责任公司章程》（2005）第一章第四条指出，中国足协作为中超联赛产生的所有权利和联赛的最初拥有者，以书面形式授权公司代理开发和经营中超的整体性商务资源，并签订授权协议。在2016 年修改版的《中超联赛有限责任公司章程》中，协会的收入来源规定较为具体，如捐赠、财政补助收入、比赛收入、门票分成收入、出售广播电视转播权收入、广告赞助收入、无形资产许可使用、转让及其他派生收入、足球联赛彩票收入等，但对俱乐部的经营权、收益权和分配权等内容则未作明确规定，建议制定"中超俱乐部市场开发管理条例"，明确协会与俱乐部的各项开发权利。

借鉴英国在足球俱乐部管理和赛事运作方面的经验，俱乐部所有权归属私有，且应该以自主经营、自负盈亏、自我发展的企业模式经

---

① 中超队总体近 5 年内 4 年亏损——国企赞助成主要收入. http://news.cntv.cn/20120528/104419. shtml[2012-05-28].

营，俱乐部作为独立公司法人的法律地位应该明确。如果成立中国职业足球联盟，则联盟应采用公司制，由各俱乐部代表选举产生董事会，再由董事会聘任经理人对联赛的商业推广进行市场化运作和管理。在管理理念和政策保障上，要体现出以实现最大经济价值为导向的市场化特征，给予俱乐部必要的市场开发和经营空间，政府不过多地进行政策规制，而是按照市场经济规律，通过政策引导足球产业发展。

综上所述，英国职业足球发展的经验以及我国足球职业化的历程表明，实现职业足球俱乐部地域化和名称非企业化要求去行政化的管理体制。中国足协与国家体育总局脱钩后，政府及其下属相关行政部门应该仅对职业足球的发展进行业务上的指导，给予必要的配套制度与政策以使地方足协有效运行，而不是直接插手职业联赛的管理和运营。在管理体制上，需要建立有效的俱乐部管理体制，使不同级别（超级、甲级、乙级联赛）、不同类别（职业化、半职业化、业余性）的足球联赛紧密结合，保障足球发展具有自下而上的基础。在俱乐部管理上，需要将俱乐部所有权归属私有，采取自主经营、自负盈亏、自我发展的企业模式经营，俱乐部作为独立公司法人的法律地位应该明确。在联赛运营上，需要建立协会管理下的公司制的中国职业足球联盟，决策层的联盟董事会的构成人员应由各俱乐部推荐，聘任经理人对联赛的商业推广进行市场化运作和管理。在商业开发权益上，需要明确协会与俱乐部各自的权力范畴，给予俱乐部必要的市场开发和经营空间，政府不过多地进行政策规制，而是按照市场经济规律，通过政策引导职业足球发展。在政策措施上，由于职业足球俱乐部的业务体现出准公益性特征，参照国际情况，对职业联赛和俱乐部按公益属性认定，在税收、安保、场地等方面给予政策和资金上的倾斜，以有效促进职业足球俱乐部的地域化和名称非企业化。

第二节　我国职业足球俱乐部地域化与名称非企业化的经济环境条件

职业化是市场经济的产物,其发展程度必然受到经济发展状况的制约。消费是市场发展的直接动力,消费能力的高低也受到经济条件的影响。足球俱乐部地域化发展,要依靠俱乐部所在城市的企业、居民的投入,最终与城市的经济融合发展。因此,研究俱乐部地域化,对地区经济环境的分析必不可少。

一、地区经济发展

地区经济状况通常由地区 GDP、人均 GDP 和产业结构等经济指标来衡量。目前,我国职业足球俱乐部主要分布在北京、上海、广州、天津、南京、杭州、沈阳等城市,通过分析上述城市的各项经济指标判断职业足球发展的地区经济环境。

(一)地区 GDP

随着经济的持续发展,我国正处在社会消费结构发生较大变革的时期,按照经济学的理论,此阶段的消费规律是:对物质消费品的需求减弱,而对服务消费品,尤其是对与人的健康和生活质量提高直接相关的产品的需求将会迅速上升。体育则正是服务消费品,良好的经济条件将促进居民的体育消费。

如表4-2所示,中超俱乐部所在城市经济发展水平相对较高。按照2015年我国各城市经济规模的综合排名,中超俱乐部所在城市中有 12 个城市排在 30 名以内且经济增长速度达到或超过我国经济平均增长速度。

表 4-2　中超俱乐部所在城市 2015 年经济指标统计表

城市	地区 GDP/亿元	人均 GDP/元	经济增长速度/%	经济规模排名	三次产业结构
上海	24 965.0	103 100	6.9	1	0.4∶31.8∶67.8
北京	22 968.6	106 284	6.9	2	0.6∶19.6∶79.8
广州	18 100.0	138 377	8.4	3	1.3∶32.0∶66.7
天津	16 538.0	109 032	9.3	5	1.3∶46.7∶52.0
重庆	15 719.7	52 549	11.0	6	7.3∶45.0∶47.7
杭州	10 053.6	112 268	10.2	10	2.9∶38.9∶58.2
南京	9 720.8	118 171	9.3	11	2.4∶40.3∶57.3
郑州	7 315.2	77 217	10.1	18	2.1∶49.5∶48.4
沈阳	7 280.5	87 833	3.5	19	4.7∶48.1∶47.2
济南	6 100.2	86 320	8.1	21	5.0∶37.8∶57.2
长春	5 530.0	72 000	7.2	29	6.2∶52.7∶41.1
石家庄	5 440.6	51 248	8.0	30	9.1∶45.1∶45.8
秦皇岛	1 250.4	40 687	5.5	—	14.2∶35.6∶50.2
延边	886.1	41 390	7.0	—	8.5∶49.9∶41.6

资料来源：根据各城市统计局资料及《2015 年国民经济和社会发展统计公报》汇总

（二）人均GDP

人均 GDP 水平的高低标志着一个地区的经济发达程度和综合实力。"世界银行以国民人均年收入为主要标准，把不同国家划分为 4 类，即高收入国家、中等偏上收入国家、中等偏下收入国家和低收入国家。根据 2012 年标准，人均国民收入达 12 616 美元属于高收入国家；低于 1035 美元为低收入国家；4085 美元则为中上和中下收入国家的分界线。"[1]

按照 2015 年的经济数据，上海、北京、广州、天津、杭州、南京、郑州、沈阳和济南的人均 GDP 均已超过 12 616 美元，处于高收入水平；重庆、石家庄、秦皇岛和延边的人均 GDP 超过 4085 美元，属于中上收入水平。这些数据表明，城市居民已经跨越了以生存性消费为主的温饱

① 林雪丹. 人民日报环球走笔：辩证看待"高收入". http://opinion.people.com.cn/n/2013/0711/c1003-22158612.html[2016-06-15].

阶段，处于追求更高生活品质的阶段，体育需求将不断提高，这为职业足球市场的培育与发展奠定了坚实的经济基础。

（三）产业结构状况

产业结构很大程度上是一个反映经济发展质量、效益和潜力的指标。合理的产业结构能保障地区经济稳定、持续发展。目前，我国正处在经济转型时期，产业结构调整是政府经济工作的重点。

从表 4-2 可以看出，俱乐部所在城市的产业结构较为合理，第三产业比重较高，尤其是上海、北京、广州、天津、杭州、南京、济南和秦皇岛的第三产业比重均超过了 50%，服务业较为发达，为竞赛表演行业提供了优质的经济环境。

二、居民生活水平

居民生活水平可通过人均可支配收入、居民消费水平等指标衡量。按照马斯洛需求层次理论，体育消费属于较高层次的消费，生活水平对消费能力起到较大的影响作用，二者一般呈正相关关系。

（一）人均可支配收入

一般来说，居民的收入水平与体育市场的发展呈正相关关系，即居民的收入水平越高，越能促进体育市场的发展。

"2015 年，我国城镇居民人均可支配收入继续上涨，达到 21 966元，突破 20 000 元人民币。人均收入在 1500 美元以上，其消费重心向更高层次的现代服务业转移，人们倾向于具有奢侈品特点的服务需求，如更频繁地旅游、更多地参加体育文化活动等。"[1]进入这个时期以后，人们对体育消费的需求增加。中超俱乐部所在城市的城镇居民人均可支配收入（图 4-2）除延边外均超过了全国平均水平。

---

[1] 丛湖平，何选，郑芳，等. 大型体育赛事与相关产业发展. http://www.sport.gov.cn/n16/n1152/n2523/n377568/n377613/n377748/392597.html[2016-06-16].

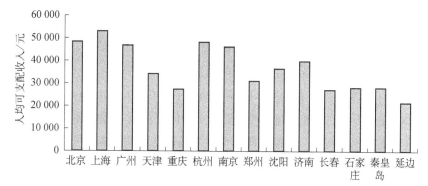

图4-2　中超俱乐部所在城市2015年城镇居民人均可支配收入

资料来源：根据各城市统计局资料及《2015年国民经济和社会发展统计公报》汇总

（二）人均消费支出

居民消费水平与体育市场的发展一般也呈正相关关系。通常情况下，居民消费性支出的总量越大，其体育消费的可能性就越大，就越能促进体育市场的发展。

2015年，全国居民人均消费支出15 712元，上海、北京、广州、杭州等城市的城镇居民人均消费支出明显高于全国平均水平（图4-3），目前职业俱乐部所在城市的城镇居民已经基本具备了体育消费能力，并具有一定的投入能力，为职业俱乐部地域化发展提供了重要的基础和保障。

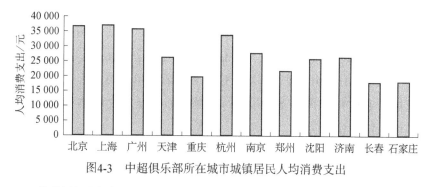

图4-3　中超俱乐部所在城市城镇居民人均消费支出

资料来源：根据各城市统计局资料及《2015年国民经济和社会发展统计公报》汇总

随着我国社会经济发展水平以及人民生活水平的提高,人民体育消费支出随之增长。根据我国三次群众体育现状调查的结果,体育消费增长的趋势明显,且观看体育比赛的消费支出不断增加。第一次群众体育普查中,"体育参与者全年家庭体育消费平均在200元以下者占86.1%,100元以下者占58.31%,且主要是实物体育消费。用于体育服务类的消费支出比例很低,对经营性体育娱乐场馆的门票,城乡居民目前只能承受较低的价格,能承受1—3元的占63.6%,10元及10元以上的只占15.5%"①。第二次群众体育普查中,"参加体育锻炼的群体有72.7%的人进行了体育消费,其中20—29岁年龄组的人均体育消费最高,从消费项目来看,用于观看体育比赛的费用占总体育消费的7.2%"②。第三次群众体育普查中,"体育消费人群比例上升到74.5%,全年人均消费额718元,观看体育比赛的消费比例上升至10.1%"③。

三、地区经济与职业足球俱乐部发展

从近几个赛季的中超上座率来看,观众总人数和平均单场人数逐年上升(平均单场人数2013年略有下降),个别单场赛事基本达到满场状态(表4-3)。2010—2015赛季,中超现场观赛人数逐年增加(2012年特殊状况除外),2015年赛季共有5 318 338人到场观赛,场均人数达到22 160人,比2014年的场均观赛人数多3000余人,不仅创造了中超历年最高,也让中超上座率稳居亚洲之首。截至2016年,中超的电视转播累计观看人次已达约4亿人,创造了收视历史。

从2010—2015赛季单场上座人数来看,单场最高人数出现在北京国安和广州恒大两支俱乐部,一是与城市足球文化相关,二是与地区经济直接相关。

---

① 中国群众体育现状调查课题组. 中国群众体育现状调查与研究[M]. 北京:北京体育大学出版社,1998.
② 中国群众体育现状调查课题组. 中国群众体育现状调查与研究[M]. 北京:北京体育大学出版社,2005.
③ 国家体育总局. 第三次全国群众体育现状调查报告[M]. 北京:人民体育出版社,2010.

表 4-3　2010—2015 赛季中超上座率指标统计表

年份	比赛场数/场	观众总人数/人	平均单场人数/人	单场最高人数/人
2010	240	3 499 200	14 580	33 340（北京主场）
2011	240	4 224 000	17 600	45 600（广州主场）
2012	184	—	18 850	52 888（广州主场）
2013	240	4 556 000	18 600	—
2014	240	4 556 591	19 000	52 301（北京主场）
2015	240	5 318 338	22 160	—

注：2012 年中超截至第 23 轮

资料来源：中国足球协会职业联赛理事会年度报告

广州恒大俱乐部 2011—2015 赛季一直是联赛冠军（表 4-4），这与球队企业投入密切相关,而良好的地区经济环境则为企业投入提供了必要的条件。这也与英超俱乐部的发展状况相似,区域经济发展与联赛成绩存在着一定关系，但并不绝对。

表 4-4　中超俱乐部 2011—2015 赛季球队成绩名次

俱乐部名称	2011 年	2012 年	2013 年	2014 年	2015 年
广州恒大	1	1	1	1	1
北京国安	2	4	3	2	4
上海申花	10	12	8	9	6
天津泰达	9	9	—	8	13
河南建业	13	16	—	15	5
山东鲁能	5	15	2	4	3
江苏苏宁	4	2	13	6	9
杭州绿城	7	8	10	11	11
上海上港	—	—	9	5	2
长春亚泰	6	5	14	10	10

将我国现有经济发展水平与英国职业足球发展期的经济发展水平相比可以看出，我国已经具备了职业足球发展的经济条件，尤其是职业足球俱乐部所在城市的经济水平处于全国领先状态，为足球地域化的发展提供了经济保障。足球运动参与者、爱好者稳定的经济条件是英国职业足球地域化发展的基础，使得足球运动在群众中得以普及和发展。英超俱乐部除了职业体育传统的经营模式（电视转播权销售、赞助、门票和特许经营销售）外，从 20 世纪 90 年代开始，开始大规模实行资产证

券化,这为俱乐部繁荣发展提供了扩大经济利益的渠道。俱乐部的良性运作和发展,也为当地提供了大量的就业岗位,为地方政府贡献了较多的税收收入,促进了地区经济的发展。

综上所述,我国经济持续稳定发展为俱乐部地域化与名称非企业化奠定了基础。我国中超俱乐部所在城市中有 12 个城市的地区 GDP 均排在全国前 30 名以内,人均 GDP 已经超越小康阶段,产业结构中服务业较为发达,城镇居民人均可支配收入除延边外均超过全国平均水平,人均消费支出和体育消费支出不断增长,中超上座率逐年上升。这些情况表明,我国职业足球俱乐部所在城市经济发展状况为俱乐部的发展提供了良好的条件,已经具备发展职业足球的经济条件。但职业足球俱乐部的成绩与城市经济发展水平之间并不存在绝对的正相关关系。与英超俱乐部相比,我国职业足球产业规模较小,职业足球俱乐部的市场开发空间有限并且不是上市公司,不能实现更大规模的投融资,对当地经济影响不大,尚未融入当地经济发展,这制约了俱乐部地域化和名称非企业化的发展。

第三节　我国职业足球俱乐部地域化与名称非企业化的社会文化环境条件

一、足球俱乐部历史传统

(一)专业足球队伍的建立

中华人民共和国成立初期,中国足球是按各大行政区来组队的,当时东北队的核心是辽宁,华东队的核心是上海,中南队的核心是广东。从 1953 年开始,中国足球以省级行政区为单位组建球队。辽宁省足球队最先成立，之后广东省、吉林省、江苏省和河南省等省足球队相继成立（表4-5）。从20世纪70年代末开始，中国足球开始以市级行政区为单位组建球队，如1954年成立的广州足球队、1983年成立的大连足球队等。这些成立较早的球队，自然足球文化的底蕴也相对较浓，球队的成绩也相对较好。如辽宁省足球队，在足球职业联赛开始之前，成绩十分突出，创造了1984—1993年十连冠的辉煌战绩，其中包括全运会、中甲、中国足协杯和亚俱杯。职业联赛开始后，大连足球队曾经在7年中五次夺冠，这与辽宁的足球文化和历史传统是分不开的。

表4-5 中超俱乐部成立时间表

俱乐部名称	俱乐部前身	成立年份
辽宁宏运	辽宁省足球队	1953
上海申花	上海足球队	1953
广州恒大	广州足球队	1954
延边富德	吉林省足球队	1955
江苏苏宁	江苏省足球队	1958
河南建业	河南省足球队	1958
北京国安	—	1992
重庆力帆	前卫武汉	1994
长春亚泰	—	1996
山东鲁能	—	1998
天津泰达	—	1998
杭州绿城	—	1998

（二）企业化名称的由来

通常以"地名+体育项目"形式命名的运动队，如辽宁省足球队、大连足球队等，到了职业化初期，多数与企业联姻，建立了"地名+投资商名称"形式的俱乐部。如1984年，广州白云山制药厂与广州市体委签约，以每年赞助20万元的条件联办广州足球队，开了全国企业承办优秀运动队之先河。这个时期，"企业在参与投资的过程中完全是出于公益的活动或者是迫于某种关系和压力使然，但并非企业的自愿和有目的的经济投资或开发活动"①。这体现出与企业合作共同办足球俱乐

① 吴学勇，刘明海. 论我国足球俱乐部名称更迭的成因. 体育与科学，2005，26（6）：51.

部的特点。在中超建立的第一年即 2004 年，职业足球俱乐部更加显现出企业化名称的特征。中超队伍中除 1995 年第一个进行股份制改革的辽宁足球俱乐部外，其他俱乐部均为企业化名称；中甲 17 支队伍中，中性化名称的有 5 家，比例高于中超俱乐部（表 4-6）。10 年的甲 A 职业化探索以及 2004 年中国足协制定的《中国足球协会关于中超俱乐部产权转让的规定》，逐步使职业足球俱乐部名称形成了鲜明的企业化特点。

表 4-6　职业化时期及中超初期俱乐部的名称性质

年份	俱乐部类型	企业化名称	中性化名称	俱乐部
1994	甲 A	8	2	2
2004	中超	11	1	—
2004	中甲	12	5	—

1993 年，广州足球队通过和太阳神集团合作，成为中国第一家政府与企业合股的职业足球俱乐部。2010 年广州足球队正式更名为广州恒大足球俱乐部。河南建业足球俱乐部的前身是成立于 1958 年的河南省足球队，1999 年建业集团买断河南省体委持有的足球队股份，使俱乐部成为建业集团旗下的独资企业。

（三）企业化名称的延续

在工商注册方面，我国职业足球俱乐部的性质都为公司，名称整体为"地名+投资商名称"的形式。以 2016 年统计为例，中超俱乐部共有 4 家股份制公司，这是中甲所没有的。在有限责任公司的类型中，中甲的组合方式较多，存在 3 家由自然人投资组成的有限公司，由自然人与企业联合组建的俱乐部有 4 家（表 4-7）。整体上，中超与中甲略有差异，中甲存在更多的由自然人投资的俱乐部。

表 4-7　2016 年职业足球俱乐部的性质　　　　单位：家

	股份制公司	一人有限责任公司			多人有限责任公司			
		国有	法人	自然人	纯国有	纯企业法人	纯自然人	混合
中超	4	0	7	0	0	4	0	1
中甲	0	0	6	0	0	3	3	4

对于职业足球俱乐部的企业化性质，中国足协在制定的相关文件中给予了规定。《中超足球俱乐部标准（试行）》要求"俱乐部为企业法人，依照《中华人民共和国公司法》在工商管理部门正式登记为足球俱乐部有限责任公司或足球俱乐部股份有限公司，获得企业法人营业执照"。此外，《中国足球协会职业联赛俱乐部准入条件和审查办法》也要求"制定俱乐部章程，建立健全现代企业制度，完善组织机构"。因此，无论是中超俱乐部还是中甲俱乐部，都应该属于企业的性质。因为企业性质，冠以投资方的企业名称，就成了顺理成章的事情。

由此可见，俱乐部的本地域球迷认同感与俱乐部发展历史有着较深的联系，俱乐部名称的企业化与我国俱乐部发展的历史息息相关。对比英超俱乐部，虽然我国职业足球俱乐部的发展时间短，但是俱乐部所在城市已经具备了一定的足球传统，名称企业化体现了当时社会力量参与体育的兴起。

二、足球运动参与

（一）大众足球参与

大众体育是竞技体育的基础，职业足球的发展离不开大众对足球运动的喜爱与参与。欧洲的足球职业联赛、美国的橄榄球和篮球职业联赛、日本的棒球职业联赛之所以经久不衰，源于本国国民对上述运动项目的关注与普遍参与。职业足球俱乐部若要实现地域化，必须有区域内的居民对足球的关注、参与和支持。

如在英格兰，足球的大众参与率较高。从总体参与率看，2015年就有超过1100万5岁以上的群体参与一定形式的足球运动，参与人群及数量如下（表4-8）。其中，16岁以上每月参加足球活动的人数达到270万人，16岁以上每周参加足球活动的人数达到190万人。

表 4-8　2015 年英格兰足球参与人群及数量统计表　单位：百万人

项目	成人组		儿童组	
	男性	女性	男孩	女孩
数量	6.25	2.03	2.49	0.86
合计	8.28		3.35	

资料来源：英足总报告（2015）

　　根据 2015 年英足总报告，2015 年 1 月英足总共有来自 50 个郡的 25 556 家足球俱乐部。大部分俱乐部拥有多支球队，在英足总管辖的联盟比赛。2015 年有 1288 个联盟，包括迷你足球青年联盟、成人男子联盟（包含退伍老兵）、女子联盟和残疾人联盟等。英格兰草根足球是以社区为基础的，11 人制的成人和儿童足球队或俱乐部通常由志愿者运营（约 50 000 人），参与者通常需要付费参加。在英格兰，足球通常是一项花费不高的项目，成人每周花费 5—10 英镑。一开始大部分志愿者加入要么是因为他们自己想参与，要么是因为他们的孩子喜欢参与。在英格兰，任何人都有可能建立草根足球俱乐部或球队，这也带来了俱乐部的广泛性和多样性，2015 年 26 000 家草根足球俱乐部中，不乏高水平的参与者，但同时球员实力也是参差不齐。80%的草根足球比赛在公共草地上进行，英足总和联盟还大幅度增加人工场地的数量供草根球队使用。86%的草根足球比赛在周六或周日进行，这样球员就有空闲的时间参加比赛。

　　为了更好地管理草根足球俱乐部，英足总规定了俱乐部经营的合格标准，而且定期更新这些标准。为保证各类人群都能参与到足球运动中来，给予每一个喜欢足球的人——男孩、女孩、青年、残疾人、成人和退伍军人参与足球运动的机会，经营标准中规定拥有特许经营资质的俱乐部在社区层级要至少运营 30 支球队。83%的青少年就在拥有特许经营资质的俱乐部里踢球。此外，对于教练员资质、儿童福利和训练急救等重要内容，英足总也做出了相应的要求和规定。

　　为了确保大众参与足球运动有充足的场地，从 2001 年起，英足总、联盟和政府共为 1600 个项目投资 800 万英镑。从场地设施的供给看，使用草场的情况正在减少，未来将主要对人工场地进行投资。

对我国体育赛事认知度和关注度的调查显示，中国足球协会超级联赛具有较高的认知度（第 3）和关注度（第 6）（表 4-9）。此外，我国群众体育调查结果显示，足球是人们参与程度较高的运动项目（表 4-10）。

表 4-9 中国体育赛事认知度、关注度排名

排名	认知度	关注度
1	全国男子篮球联赛	全国男子篮球联赛
2	全运会	全运会
3	中国足球协会超级联赛	中国乒乓球俱乐部超级联赛
4	中国乒乓球俱乐部超级联赛	中国女子排球联赛
5	中国网球公开赛	中国网球公开赛
6	中国女子排球联赛	中国足球协会超级联赛
7	中国女子篮球甲级联赛	杭州马拉松
8	中国男子排球联赛	中国女子篮球甲级联赛
9	中国围棋甲级联赛	全国攀岩锦标赛
10	环青海湖国际公路自行车赛	厦门马拉松

资料来源：鲍明晓. 中国职业体育评述. 北京：人民体育出版社，2010：40

表 4-10 中国三次群众体育普查中大众经常参与的体育项目

调查年份	经常参与的体育项目
1997	气功、健身操、交谊舞、武术、秧歌
2001	走步和跑步、羽毛球、游泳、足篮排球、乒乓球、体操、登山、舞蹈等
2007	走步和跑步、乒羽网球、足篮排球、健身、骑车等

资料来源：中国群众体育现状调查课题组. 中国群众体育现状调查与研究. 北京：北京体育大学出版社，1998；中国群众体育现状调查课题组. 中国群众体育现状调查与研究. 北京：北京体育大学出版社，2005；国家体育总局. 第三次全国群众体育现状调查报告. 北京：人民体育出版社，2010

这些调查结果表明我国职业足球发展具有较好的群众基础。但是，从 2015 年大众参与足球的情况来看并不乐观。根据国际足联公布的数据，西班牙全国人口近 5000 万，足球人口约 350 万；德国全国人口约 8000 万，足球人口约 650 万，日本的足球人口也有约 110 万。而 2015

年我国的足球人口仅约 2.5 万，记录在册的职业球员只有约 8000 人。①

（二）校园足球开展

"根据全国青少年校园足球官方网站 2014 年 1 月公布的统计数据，全国已有 49 个国家级布局城市、3 个国家级试点县、82 个省级布局城市开展了校园足球活动。参加活动的学校 5084 所，注册学生运动员 19 万人。在中央领导的重视和各级教育主管部门的大力支持下，中小学校园足球开始了新一轮发展热潮。中国足协副主席、教育部体育卫生与艺术教育司司长王登峰提出'计划到 2020 年在全国 1 万至 2 万所学校布局校园足球，培养 1000 万至 2000 万校园足球人口'。"②

但在校园足球的推行过程中，出现了诸多现实难题。一是懂足球的体育教师匮乏，而且很难长期坚持；二是场地不足。中超俱乐部如果能够为校园足球提供一定的人力资源和足球指导，就能够与地区教育结合起来，促进地域化实现。

日本职业足球联赛在解决体育师资不足方面的做法，给予我们一定的启示可资借鉴。其设计了一套基于社区的体育系统，俱乐部向所有有兴趣的人开放。1993 年以前，日本所有的青少年足球活动都限制在学校范围之内，校外的青年人则没有参与的机会。联赛通过社区俱乐部和俱乐部的训练营，为各个年龄段的青少年提供参与足球运动的机会，并为有发展潜力的球员提供高水平的教练，职业运动员为自己所对应的社区俱乐部提供指导，并在青少年的训练和比赛中保持很高的参与率。这些措施对于日本足球的发展起到了重要作用。如东京足球俱乐部为 15 岁以下的青少年提供在东京的 11 个训练营免费指导服务。③东京足球俱乐部把每月的训练安排向社会公布，并有工作人员和教练员免费服务

① 人口大国未必足球大国 中国足球人口仅 25 000 多. http://sports.sina.com.cn/china/asia/2015-09-09/doc-ifxhqhuf8239940.shtml[2015-09-09].
② 李小伟，杨国营. "破门"还需体教结合——中小学校园足球现状调查. 中国教育报，2014-06-18（1）.
③ 日本 J 联赛启示录：让众多小股东撑起俱乐部. http://sports.qq.com/a/20100212/000 754.htm [2010-02-12].

于社区。通过此种方式，成千上万名青少年能够接受免费足球指导，同时也使足球运动得以普及。

三、足球俱乐部文化培育

（一）城市文化与俱乐部文化的融合

从职业体育发达的国家来看，能够进行商业化、市场化的运动项目都有着浓厚的历史文化底蕴。中世纪末，在热爱足球运动的欧洲，因为足球运动的危险性，教堂和政府曾不断下令禁止足球运动，但因为大众对足球的喜爱，足球运动一直没有停止，街巷足球和乡村足球仍然很盛行。经过100多年的发展，英超成为世界上最成功的联赛之一。职业足球俱乐部地域化，最终要与地区文化互融发展。因此，足球文化培育，尤其是结合地区文化进行培育具有重要意义。

英国足球俱乐部自诞生起就与社区地缘有着天然的联系。在英格兰，城市被分为自治市镇，在20世纪70年代地方政府重整之前，自治市镇拥有着很高的自治权和社群性。英国的足球俱乐部就是在这种以社群为单位的地缘关系上发展起来的。而足球俱乐部尝尝被认为是社区的代表，社区成员通过支持代表自己社区的足球俱乐部来获得社区的归属感和认同感，每个俱乐部也是社区成员、社区形象的代表。比如，阿森纳足球俱乐部代表伊斯灵顿区、托特纳姆代表哈林盖区、切尔西则代表哈默史密斯-富勒姆区。每个俱乐部所代表的都是球队所在社区附近的球迷。正是这种俱乐部与社区不可分割的历史渊源，使得俱乐部在发展的过程中始终与社区的发展紧密相连。职业球队为发展社区体育、缓解社会问题做出贡献，而社区球迷的支持以及归属感、认同感则是俱乐部长期发展的不竭动力。英国的足球文化深深地浸入到每个英国人的血液中，它是英国民族品格的一个重要标签。而以社区作为重要依托的足球俱乐部，更是每个英国人生活中不可或缺的一部分。我们不仅羡慕英国足球的球队实力、商业开发，更对其由社区文化培育出的足球文化和历史感到赞叹。

中超俱乐部目前都很重视足球文化的打造,他们深知搞好足球不单单是行业发展问题,更事关中国改革大业,对丰富人民生活有着不可替代的重要作用。俱乐部注重发挥职业足球的社会价值,职业运动员的社会责任感不断增强,通过定期的球迷活动日、媒体开放日、俱乐部推介日等形式积极参与公益活动,为足球推广、丰富社区文化生活发挥更积极的作用。许多俱乐部已经逐步打造了具有城市特色的足球文化,将城市特征与俱乐部相连接,通过地域认同塑造球队文化。其措施主要包括在俱乐部中增加地域文化元素和本地域球员。俱乐部中增加地域文化元素主要有:①俱乐部名称中加入地方简称,如上海绿地申花的"申"有上海之意,在与城市文化的融合上富有创意,每到申花比赛时,上海市地标性建筑——东方明珠广播电视塔,就会亮起彩灯;②在俱乐部标志中展现地方特色,如广州恒大俱乐部的标志是一只老虎,而广州又处于我国南方,因此俱乐部也被称为"华南虎";③俱乐部的加油口号和标语中加入地方方言,更具地方特色,如四川全兴队在保级的关键时刻成都球迷喊出了"保卫成都"的口号。

但从其他职业足球联赛发展的经验来看,目前中超俱乐部文化建设的推广程度远远不够,在文化培育过程中,没有能够深深植入城市发展的载体。如德国职业足球联赛和日本职业足球联赛,以社区为发展核心,能够把足球发展跟人们的生活紧密联系在一起。

日本职业足球联赛的俱乐部准入规定要求"俱乐部必须参与当地的体育活动和社区体育活动,促进当地体育发展"。联赛的发展目标除了要促进足球运动在日本的发展,还要带动更多的人参与体育。联赛设计了一套基于社区的体育系统,俱乐部运动员为自己所对应的社区俱乐部提供指导,并在青少年的训练和比赛中保持很高的参与率。俱乐部把每月的训练安排向社会公布,并有工作人员和教练员免费服务于社区。联赛的各俱乐部还活跃于其他运动,而不是仅仅参与足球活动。俱乐部的场地设施均对外开放,除了足球,其他运动亦可受益。俱乐部与地方政府和体育机构合作，进行迷你足球教学、组织轮椅足球联赛，为地方中小学体育指导员提供培训。这些活动使得体育成为社区生活的重要组成部分，同时也促进了足球文化的培育。此外，联赛还提供教育项目，重点是培养孩子的情感和社会发展能力，让孩子们在步入社会以后能够接受困难与失败的挑战。联赛在投入当地社会教育发展的同时，赢得了地方市政委员会、公司和居民的理解与支持，也为自身的发展吸引了更多的关注和投资。

（二）俱乐部自身文化建设

职业足球俱乐部企业文化是指"职业足球俱乐部在长期经营管理和训练、竞赛实践过程中形成的价值观念、规章制度、行为准则、精神风貌和硬件设施建设的总和"[①]。中国职业足球俱乐部准入规定中，明确要求"俱乐部应当借鉴世界上先进俱乐部的成功经验，建立并发展符合自身特点的文化理念，制作有特色的队歌、队旗、队服、标志产品等"。截至2015年底，16家俱乐部都实现了上述文化建设要求。

在访谈中，俱乐部普遍反映：足球俱乐部在市场开发权上受到限制，对球队文化建设产生了一定的影响。目前过多的中超赞助商排他性条约，增加了俱乐部自主招商的难度。如版权问题，在中超比赛中俱乐部自己队伍的宣传片受到播放限制。这些问题不利于球队的文化培育。

职业足球俱乐部精神文化的塑造，需要保证俱乐部的价值观体系本身是卓越的，同时还需要全体球员的认同。俱乐部特色的精神要能以简洁而富有哲理的语言概括，并通过队歌、队训和队徽等形式表现出来。但我国俱乐部频繁进行股权转换、更换名称和场地，使得俱乐部文化建设缺乏连贯性。从目前的文化建设上看，几家老牌俱乐部保持了一定的连续性。如山东鲁能泰山足球俱乐部文化就是以"自我加压的负责精神、精诚团结的团队精神、奋不顾身的拼搏精神、追求卓

① 陈喜珍，秦婧云. 我国职业足球俱乐部企业文化建设体系初探. 吉林体育学院学报，2010，26（1）：13.

越的创新精神"为核心，通过具体细化，形成了比较符合球员成长规律的"严格管理、严格训练、严格比赛"和"敢想、敢拼、敢于胜利"的文化理念。这种精神伴随着俱乐部的成长而形成，并不断得到培育和强化，具有强大的内在凝聚力、导向力、感染力和影响力，是山东鲁能泰山俱乐部在国内职业足球俱乐部中一直处于领先地位的重要原因。①

四、球迷文化建设

多特蒙德足球俱乐部的西格纳尔·伊杜纳公园球场是一座享誉欧洲的魔鬼主场，因为多特蒙德球迷常常会营造出疯狂的球场氛围，能容纳 2.5 万人的南看台制造出的呐喊助威声令所有对手为之胆寒。到现场为自己的球队加油助威，对于多特蒙德球迷来说并不困难，因为只需要付 190 欧元就可以拥有一张季票。俱乐部的大股东瓦茨克（Watzke）认为，经营俱乐部始终要把球迷利益放在首位，"以前英国俱乐部在维系俱乐部与球迷关系方面是全世界的楷模，那里的球迷总是把球场看成自己的家，球迷们总会说这是我们的球队，是我们的俱乐部。年轻人都可以来看球，因为球票价格很便宜，如果球场有足够多位置的话，球票甚至可以只卖 5 欧元。但是最近这些年，英国足球的氛围已经彻底改变，足球成了有钱人的游戏，成为他们赚钱的工具。现在我想说，多特蒙德会一直坚持目前的球迷至上的运营模式，因为我相信金钱并非通往成功的唯一道路"②。

（一）球迷文化建设现状

各个俱乐部比较注重培育稳定的球迷群体。中超各家俱乐部在官网上都设有会员和球迷会等板块，供球迷交流和活动。随着新媒体的发展

① 陈喜珍，秦婧云. 我国职业足球俱乐部企业文化建设体系初探.吉林体育学院学报，2010，26（1）：14.
② 多特 CEO：英超已沦为金钱游戏 球队坚持球迷至上. sports.sohu.com/20121205/n359525854.shtml[2016-06-15].

和普及，俱乐部纷纷开通官方微博（表 4-11），更及时地向球迷提供信息，如发布比赛预告和海报，比赛中发布最新赛况，还利用新媒体的互动性，与球迷进行交流，听取球迷的看法。

表 4-11　中超各俱乐部微博（2014 年 12 月 18 日）

俱乐部	微博名称	开通时间	"粉丝"数/人	微博"粉丝"数量/人
北京国安	@北京国安足球俱乐部	2011-1-5	4 442 435	3 845
广州恒大淘宝	@广州恒大淘宝足球俱乐部	2010-12-10	4 892 618	2 430
广州富力	@广州富力足球俱乐部	2011-10-9	1 117 563	2 937
山东鲁能泰山	@山东鲁能泰山	2011-1-4	4 646 584	4 315
上海上港	@上海上港集团足球俱乐部	2013-7-6	668 607	98
贵州人和	@贵州人和国酒茅台足球队	2011-11-29	510 044	2 832
天津泰达	@天津泰达 FC	2011-1-19	4 359 438	1 341
江苏舜天	@江苏舜天足球俱乐部	2011-1-25	1 228 158	1 161
上海申花	@上海申花官方微博	2009-9-27	4 184 799	1 673
辽宁宏运	@辽宁宏运足球俱乐部	2011-3-11	1 563 937	1 522
上海申鑫	@上海申鑫足球俱乐部	2011-3-28	498 449	853
杭州绿城	@杭州绿城	2011-2-21	2 586 936	4 748
长春亚泰	@长春亚泰官方微博	2009-9-29	1 635 061	2 848
河南建业	@河南建业	2011-2-11	1 451 147	1 390

资料来源：刘亚. 对我国职业足球俱乐部球迷文化建设的现状及对策研究. 山东体育学院硕士学位论文：2015：25

　　部分俱乐部逐步推行实名制和会员制,借助现代传媒技术构建新型球迷文化。如上海绿地申花俱乐部逐步推广球迷实名制，2016 年已有注册球迷 8200 名，占实际入场观赛球迷人数的 1/3；上海上港集团足球俱乐部已经有 6000 多名实名注册球迷，并通过官方媒体建设推广球队文化。俱乐部计划实现全体球迷实名制，这样有利于在现场开展球迷活动，培育球迷氛围。此外，俱乐部在场地外设有球迷专卖店，满足球迷观赛以外的其他需求。①

　　职业足球俱乐部的本质是具有社会公益性质的产业,球迷不仅是俱乐部的消费者，还与俱乐部建立了深厚的感情，因此我国的职业足球俱

---

① 数据来源于俱乐部访谈。

乐部也对球迷群体十分关注，注重培育俱乐部的球迷精神。俱乐部对球迷群体的关注主要有：①切实解决球迷群体的难题，如为球迷提供客场包机，为球迷报销车票费用；②悼念发生意外的球迷，如球迷在赛场中或赛场外发生意外离开人世，俱乐部和球员为球迷进行悼念活动；③探望生病球迷，俱乐部会派球员代表和俱乐部工作人员一起去探望生病、受伤的球迷，鼓励他们战胜病魔，再次回到赛场与大家并肩战斗。[①]

（二）俱乐部球迷文化建设上存在的问题

虽然俱乐部很重视球迷文化建设，然而要实现俱乐部地域化和名称非企业化，还存在如下问题。

1. 职业足球俱乐部本地域球迷支持度

表 4-12 是我国职业足球俱乐部现场观众统计，从中可以发现，在中超层次，现场观众数量呈逐渐上升态势，说明球迷对于本地俱乐部的支持度在不断提升；而在中甲中，现场观众数量呈波动态势，且明显少于中超俱乐部。中超俱乐部在竞技水平、知名度方面高于中甲俱乐部，所以对球迷更具有吸引力。此外，中超俱乐部在升降级方面表现出更高的稳定性，更容易获得当地球迷的认同与支持。

表 4-12　职业足球俱乐部现场观众（场均）统计　单位：人

俱乐部	2014 年	2015 年	2016 年	三年年均
中超	18 986	22 084	24 470	21 847
中甲	5 297	9 004	6 409	6 903

相比较而言，我国职业足球俱乐部的本地球迷支持度偏低。有资料显示，英超自 2009—2012 年 3 个跨年度赛季以来，每个赛季有超过 1300 万现场观众[②]，折合场均 3.4 万多人次。在这 4 个跨年度赛季中排名居

① 刘亚. 对我国职业足球俱乐部球迷文化建设的现状及对策研究. 山东体育学院硕士学位论文，2015：25.
② 里程碑！英超现场观众人次达 2.5 亿曼联观众数第 1. http://sports.huanqiu.com/soccer/yc/2012-11/3320972.html[2012-11-28].

前的曼联，场均主场观众人数达 62 240 人，阿森纳主场场均观众人数达 43 461 人，利物浦场均观众人数 41 963 人。虽然英格兰足球文化历史悠久，但英超也仅有 25 年历史，结合我国职业足球俱乐部数量和我国的人口、国土面积来看，我们还是与其存在较大的差距。

2. 职业足球俱乐部本地域球迷支持度与成绩

同级别的俱乐部，竞赛成绩好则主场观众数量多。表 4-13 是排名前后三名的职业足球俱乐部主场观众数量统计情况。从表中可以看出，两个级别的联赛，前三名的主场观众人数是后三名的 2 倍多。每年前三名与后三名的俱乐部变化较大，如中超 2014—2016 年 3 年来分别共有 7 家与 9 家俱乐部获得前三与后三名，显示出较高的流动性，故俱乐部球队成绩是获得本地球迷支持与否的主要因素。俱乐部球队成绩好，可以吸引更多的球迷来观看；反之，主场球迷数量减少。

表 4-13　排名前后三名的职业足球俱乐部主场观众（场均）数量统计

俱乐部	2014 年/人	2015 年/人	2016 年/人	三年年均/人	俱乐部数量/个
中超前三名	31 012	31 381	34 961	32 451	7
中超后三名	18 503	11 653	16 388	15 515	9
中甲前三名	11 151	15 828	9 732	12 237	9
中甲后三名	5 261	3 964	5 626	4 950	8

上述主场观众数量的变化，是球迷对于本地域俱乐部忠诚度不高的集中体现。球迷对俱乐部球队成绩极其关注，地域荣耀在中超球迷心目中的地位举足轻重。但当球队成绩不好时，地域荣耀将极速下降或不复存在，主场观众数量随之减少。绝大部分球迷还是把比赛当作娱乐消遣，把球队当成身份符号而已[①]。

3. 同地域职业足球俱乐部球迷支持度与俱乐部水平

研究发现，级别高的职业足球俱乐部一般获得本地球迷的支持度

---

① 陈铎. 中国足球超级联赛俱乐部球迷忠诚度研究. 山东大学硕士学位论文，2016.

高。从主场观众人数来看，高级别的俱乐部球队一般更能够吸引球迷到
现场看球（表4-14），北京的3家俱乐部与天津的2家俱乐部都体现
出了这个特征。

表4-14　2014—2016年同城职业足球俱乐部

主场观众（场均）数量比较　　　　单位：人

俱乐部	2014年	2015年	2016年	三年年均
广州恒大淘宝	42 154（1）	45 199（1）	44 750（1）	44 034
广州富力	11 487（3）	7 989（14）	10 430（8）	9 969
上海绿地申花	15 417（9）	19 506（6）	22 576（4）	19 166
上海申鑫	10 115（11）	7 031（16）	4 191*	7 112
上海上港	12 460（5）	26 385（2）	27 514（3）	22 120
天津泰达	17 195	19 840	22 891	19 975
天津权健	2 503*	7 369*	11 980*	7 284
北京国安	39 395	40 996	38 953	39 781
北京控股	1 668*	5 435*	3 554*（6）	3 552
北京人和	—	—	4 820*（4）	10 762
青岛黄海	4 229*（12）	5 230*（11）	6 572*（3）	5 344
青岛中能	3 602*（5）	5 093*（7）	2 957*（15）	3 884

注：*代表参加中甲，无标注则代表参加中超，括号中为当年名次

　　但有时成绩并非决定主场观众数量的唯一因素。如青岛的两家中甲
俱乐部，其中黄海俱乐部2014年与2015年在主场人数上都超过了中能，
但在成绩方面都落后于对方。究其原因发现，两家俱乐部都与青岛海牛
俱乐部有着不解之缘。原青岛海牛俱乐部先后被"颐中""中能"收购，
最终"海牛"二字在"中能"期间完全消失。2012年底，新的海牛俱
乐部成立，怀有"海牛"情节的青岛人立即被激发出特有的支持，2014
年和2015年这支新海牛俱乐部吸引更多的观众来主场看球。黄海俱乐
部在2015年初就接手新海牛俱乐部，只是在2016年才做了更名。无独
有偶，上海的绿地申花俱乐部前身为申花俱乐部，在2014年的观众量
也超过了排名靠前的上海上港，无疑也是上海人"申花"情节所致。基
于球迷对"申花"的认同感与对无"申花"的不满，俱乐部名称在2015

年恢复了"申花"二字。由此可见，本地球迷对俱乐部的认同感，也是影响其支持度的重要因素。

（三）对俱乐部球迷文化建设的建议

1. 固定俱乐部主场，营造球队文化氛围

体育场馆作为球迷观赏比赛的重要载体，也是球队文化的传播载体，场馆的设计、装饰都可以体现球队的传统及特色，加深球迷对球队文化和精神的认知和理解，增强球迷的归属感，这对于培养忠实球迷非常重要。目前，极少数的职业足球俱乐部有自己的专业足球场，绝大多数的俱乐部都利用城市的综合运动场。在专业球场里，球员和球迷的距离更近，观赛的视角更好，让现场球迷有身临其境的感觉，更能感到和球队融为一体。建议有条件的俱乐部投资建设专业球场，实现球场的专业化；使用综合运动场的俱乐部，在场地布置上能够拉近球迷与球场之间的距离；在场馆外围，可以设立俱乐部特许产品专卖店等与球队文化相关的商店或区域，满足球迷需求。

2. 利用多种媒体，做好俱乐部宣传工作

除了微博和微信等新媒体外，还可以利用俱乐部官网提高球迷的聚集度，如有些俱乐部尚未建立与球迷相关的板块，建议增加球迷板块；已经建立球迷板块的网站要丰富板块内容。俱乐部的商品商城也有聚集球迷的作用，建议俱乐部在官网增加网上商城链接，以此聚集人气。除了新媒体，俱乐部刊物也是满足球迷精神需求的重要产品，刊物中记载着俱乐部的历史与发展，刊载了精彩瞬间和辉煌时刻以及球队的多种信息，具有一定的收藏价值，受到球迷喜爱，建议俱乐部在传统的纸质媒体上也给予重视，做精品刊物。

3. 加强对球迷组织的管理，整合球迷资源

从目前情况看，部分俱乐部的球迷组织都是自发形成的，所以一个

俱乐部有多个球迷组织,这样不易形成球迷合力,建议俱乐部整合球迷资源,扩大球迷组织规模,并设立专门管理球迷组织的机构或部门,组织和规范球迷活动,给予球迷一定的优惠权利,如在门票的购买上给球迷一定的优惠政策。已经成立会员组织的俱乐部可以为会员提供更多的权利,如给予会员参加球迷活动的优先权,鼓励球迷成为会员。有条件的俱乐部应逐步实行俱乐部会员实名制,有利于更好地组织、管理和服务会员。

4. 积极与球迷组织联结,增加球迷归属感

由于我国职业足球俱乐部迁址、更名较为频繁,很多球迷感到没有归属感。建议俱乐部积极与球迷组织联结,完善与球迷相关的服务工作。如可以设立球迷开放日,让球迷观看球员训练,增加球员与球迷的接触交流机会,给予球迷参与俱乐部发展的机会,以及为去客场观战的球迷提供球票、车辆和餐饮等服务[1],让球迷时刻觉得自己已慢慢融入俱乐部,与俱乐部的发展息息相关。

综上所述,从足球俱乐部的历史传统看,我国大部分足球俱乐部是由原省区市体工队足球队改制成立,俱乐部所在城市具有较浓郁的足球文化底蕴;就足球运动参与度而言,足球在我国是人们参与程度较高的运动项目,中超具有较高的认知度和关注度,校园足球正处于发展热潮;在足球文化培育方面,许多俱乐部已经逐步开始打造具有城市特色的足球文化,各个俱乐部比较注重培育稳定的球迷群体,部分俱乐部逐步推行实名制和会员制,借助现代传媒技术构建新型的球迷文化。可以说,我国足球职业化已经具备一定的社会文化基础,但相比于英超俱乐部和日本职业足球联赛俱乐部,我国足球俱乐部性质都为在工商部门注册的公司,名称整体为"地名+投资商名称"的形式,职业化伊始便采用了企业化名称的形式并一直延续至今,没有深深植入城市发展的足球社会

---

① 刘亚. 对我国职业足球俱乐部球迷文化建设的现状及对策研究. 山东体育学院硕士学位论文, 2015: 21-32.

文化建设，没有跟人们的生活紧密联系，尚未形成当地学校、媒体、社区、居民等积极参与的发展体系，足球场所配套支撑的地域性发展，职业足球俱乐部承担的社会责任不够，未能承担社区体育公共服务。球迷对本地顶级俱乐部的支持度在不断提升，但与国际相比，本地球迷支持度整体仍偏低。俱乐部球队成绩是获得本地域球迷支持度的主要因素，中超、中甲两个级别的联赛，前三名的主场观众人数是后三名的2倍多。由此，职业足球俱乐部发展需要连接校园足球、社区足球，与所在地区教育和社区结合，提升自己的水平，促进地域化和名称非企业化的实现。

第四节　我国职业足球俱乐部地域化与名称非企业化的技术环境条件

PEST 模型中的技术环境指的是社会技术总水平及变化趋势，技术变迁、技术突破对企业的影响，以及技术与政治、经济、社会环境之间的相互作用的表现等，是企业的竞争优势所在。本节的技术环境不仅指科技发展对职业足球发展的影响，还包括足球俱乐部在发展过程中的关键技术环节。

一、俱乐部股权结构

（一）俱乐部股权集中

我国职业足球俱乐部股权集中首先表现在股东数量少。根据 2016 年统计，中超俱乐部股东（表 4-15）集中在 1～2 家，约占总比例的 81%；中甲俱乐部集中在 1～3 家，约占 94%（表 4-16）。

表 4-15 2017 年中超俱乐部股权情况

序号	俱乐部	股东及股权占比	股东性质	主营业务
1	广州恒大淘宝	恒大地产集团有限公司（60%） 阿里巴巴（中国）网络技术有限公司（40%）	民营企业 民营企业	地产 电商
2	江苏苏宁	苏宁电器集团有限公司（100%）	民营企业	电商
3	上海上港	上海国际港务（集团）股份有限公司（100%）	国有企业	港口
4	上海绿地申花	上海绿地体育文化发展有限公司（100%）	国有控股	地产
5	北京中赫国安	中赫置地有限公司（64%） 中国中信集团公司（36%）	民营企业 国有企业	地产 商业
6	广州富力	广州富力地产股份有限公司（100%）	民营企业	地产
7	河北华夏幸福	廊坊京御房地产开发有限公司（100%）	民营企业	地产
8	重庆当代力帆	重庆力帆控股有限公司（90%） 武汉当代科技产业集团股份有限公司（10%）	民营企业 民营企业	科技、金融、地产 高科技产业投资等
9	延边富德	深圳市富德金融投资控股有限公司（70%） 延边体育运动管理中心（30%）	民营企业 政府	商贸、地产、金融等 体育
10	天津泰达	天津泰达投资控股有限公司（85%） 天津经济技术开发区投资有限公司（9%） 天津北信资产管理有限公司（6%）	国有企业 国有独资 民营企业	地产、公用事业、金融、服务 投资咨询 地产
11	辽宁宏运	宏运集团（80%） 辽宁省体育局（20%）	民营企业 政府	港口、地产、矿业等 体育
12	长春亚泰	长春吉盛投资有限责任公司（100%）	国有独资	地产、水泥、证券
13	河南建业	河南昊霖投资有限公司（96%） 河南恒通源实业有限公司（3%） 河南省中原国际文化传播有限公司（1%）	民营企业 民营企业 民营企业	投资管理 投资咨询 文化传播
14	山东鲁能泰山	鲁能集团旗下 12 家企业（100%）	国有企业	地产、能源

续表

序号	俱乐部	股东及股权占比	股东性质	主营业务
15	天津权健	权健自然医学科技发展有限公司（100%）	民营企业	健康行业
16	贵州恒丰智诚	贵州恒丰伟业房地产开发有限公司（95%）贵州智诚企业集团投资有限公司（5%）	中外合资民营企业	地产地产、商贸

资料来源：中超16支球队背后：投资商的盈利与目标．http://www.qiuxingwang.cn/zonghe/661306.html

表4-16　2016年中超、中甲不同数量股东的俱乐部情况　单位：个

俱乐部	1家股东	2家股东	3家股东	4家股东	5家股东及以上
中超	6	7	1	1	1
中甲	6	5	4	1	0

其次，体现在控股股东股权比例大。如表4-17所示，我国职业足球俱乐部全部为绝对控股，即控股股东股权超过总股份的50%；中超与中甲各有6家为独资控股，占到37.5%；以大比例股权结构的为主体，控股超过70%的俱乐部占到68.8%。由于同一俱乐部股东之间还存在母公司与子公司的关系，如浙江绿城、山东鲁能泰山、青岛黄海等俱乐部的股东，若把这种关联因素考虑进去，股权将会显得更加集中。

表4-17　2016年中超、中甲足球俱乐部控股股东股权比例　单位：家

俱乐部	100%	91%—100%	81%—90%	71%—80%	61%—70%	51%—60%
中超	6	3	1	1	4	1
中甲	6	2	3	0	2	3

最后，俱乐部股权的集中还反映在老牌俱乐部的股权结构上。自1994年俱乐部职业化以来，我国俱乐部更名现象频繁发生。但也有一些未进行更名的老牌俱乐部，截至2016年有10年以上未更名的共有5家老牌俱乐部。其中，自参加职业联赛后从未更名的俱乐部只有河南建业一家俱乐部，另外的4家俱乐部至2016年也分别保持俱乐部名称在

19 年以上。

在这 5 家老牌俱乐部中，从企业类型来看，2 家俱乐部为股份制企业，其余 3 家均为有限责任公司。股份制是我国足球俱乐部改革的发展方向，也是我国对于职业足球俱乐部改革的期望。河南建业在 2001 年 12 月 26 日改制为股份制公司，《人民日报》、中央电视台等多家媒体做了新闻或专题报道，当时媒体的报道评价颇高，认为其是中国足球史上的第一家，也是唯一一家完全规范化的足球俱乐部股份有限公司；它的成立，标志着这家公司开始在职业化、产业化、长期化和社会化的轨道上良性运行；它的成立是河南乃至全国足球发展史上的一个新的里程碑。

从股权结构来看，5 家老牌俱乐部与所倡导的股份制改革方向却相反，逐步呈现出股权集中的趋势。以两家股份制企业为例：河南建业足球俱乐部在股份制公司成立之初，有 6 家发起人，分别占公司总股本的 78.571%、10%、5.143%、2.857%、2%、1.429%，而在 2016 年从 3 家股东变成了 2 家股东，且主投资商的股份占到了 99%；山东鲁能泰山俱乐部也由初期的 11 家股东在 2015 年快速缩减为 3 家，且主投资商股份由初期的约 45% 快速升至 67.75%。而其他 3 家俱乐部，除了 2 家独资之外，天津泰达主投资商的股份也由初期的 30%，在 2014 年快速转变为 85%。整体体现出股权逐步集中于某家投资商的趋势。

表 4-18 是 5 家老牌俱乐部主投资商情况统计。从表 4-18 可见，表面上主投资商是国有企业的俱乐部只有 3 家，但对国安俱乐部性质进行深入剖析后，发现其也属于国有企业。这样老牌俱乐部整体呈现出国有资产的性质。民营企业对职业足球俱乐部缺乏兴趣，有深层次原因。

表 4-18　5 家老牌俱乐部主投资商情况统计（成立至 2016 年）

俱乐部	成立年份	企业类型	投资商数量/个	现阶段主投资商	股权结构	主投资商性质	股东变化年份
天津泰达	1998	有限责任公司	5—3	天津泰达投资控股有限公司	30%—85%	国有独资	2014
长春亚泰	1996	有限责任公司	1	长春吉盛投资有限责任公司	100%	国有独资	未变

续表

俱乐部	成立年份	企业类型	投资商数量/个	现阶段主投资商	股权结构	主投资商性质	股东变化年份
北京国安	1992	有限责任公司	1	中国中信集团公司	100%	国有企业	未变
河南建业	1994	股份有限公司（非上市）	3—2	河南昊霖投资有限公司、河南恒通源实业有限公司	96%—99%（主投资人未变化）	自然人投资或控股	2016
山东鲁能泰山	1998	股份有限公司（非上市	11—12—3	国网山东省电力公司、鲁能集团有限公司	67.75%、30.00%	国有资产控股	2015

　　杭州绿城足球俱乐部时任总经理童惠敏对我国职业足球俱乐部股权结构有过自己的分析。他认为，"中超俱乐部不管是国有还是民营，绝大部分都是独资，形式上尽管是有限责任公司，有几个股东，实际上最后老板是同一个人。像上海上港、绿地申花包括杭州绿城，除了去年广州恒大引入阿里巴巴，有真正意义上的股份之外，其他基本上都是独资，打着股份有限制的牌子，实际上都是单一股东的独资企业……现在毕竟投入没有产出，或者产出是很有限的，只是一些无形资产，比如品牌知名度的提高。对于民营企业来讲，投资一两年还可以。一旦出现企业效益明显下降的情况，俱乐部战备升级，投入加大，俱乐部往往感到力不从心。那这个时候该怎么办？所以现在拉民营投资来没人愿意，要么就全部让我掌握，要么钱给你，冠名你给我。只有投入没有产出，那么其他民营企业就不愿意了"①。

　　在绝对控股股权绝对集中的模式下，大股东往往会诱生出机会主义行为，如大股东对原企业收益或私人收益的追逐将会直接降低俱乐部价值，从而损害其他股东的合法权益。加之我国职业俱乐部股东少，相互制约程度降低，加剧了控股股东的机会主义，以原企业命名俱乐部是其中典型表现之一。

---

① 夏亮，张泽伟，周凯. 打造百年俱乐部需从优化股权结构开始. http://sports.sina.com.cn/j/2015-03-19/20307548385.shtml[2015-03-19].

（二）俱乐部控股股东的企业化

从 2016 年统计来看，只有 3 家中甲职业俱乐部由个人控股，其他均为企业控股；中超俱乐部控股股东全部为企业，即每一家俱乐部幕后都由另外一个企业来掌控。从控股股东公司的类型与性质看，有限责任公司为主体，中超以独资居多，中甲以自然人投资居多（表 4-19）。

表 4-19　2016 年职业俱乐部控股股东类型与性质情况　单位：家

俱乐部	股份制公司		有限责任公司（绝对控股）			个人
	合资、上市	国有独资	法人独资	自然人投资控股	多股东法人	
中超	2	3	5	4	2	0
中甲	0	0	1	10	2	3

对不同类型的控股股东进行分析，个人股东没有公司背景，所以对于俱乐部企业化名称的倾向偏弱；股份制公司属资合为主、有限责任公司属人合+资合，股份制公司更强调自身企业的盈利与发展，所以由其控股的俱乐部会表现出更强的企业化名称倾向。

不同性质的有限责任公司，对由其控股的俱乐部冠名倾向不同。相对而言，非自然人独资性质、多股东性质的公司内部会存在较多的相互制约，会更加在意俱乐部所带来的短期效益；自然人控股的有限责任公司，存在较多的人合与人为的主观因素，达成一致意见也较为简单。在俱乐部还不能盈利的阶段，前者会更加注重俱乐部所带来的短期效益，表现出更强的俱乐部企业化名称倾向。

总之，俱乐部名称的企业化是一种表面现象，控股股东决定着俱乐部的名称，而股东的企业化性质决定了俱乐部名称的企业化倾向。

（三）俱乐部控股股东的跨界投资与管理

我国职业足球俱乐部的控股股东主要集中在房地产与商务服务 2 个行业，总体占到 50%，中超俱乐部尤为明显；其他行业分布得较为零散，体育类的只有 1 家；比较突出的是 3 家中甲俱乐部由个人直接作为俱乐部控股股东（表 4-20）。

表 4-20 2016 年职业足球俱乐部控股股东行业统计　　单位：家

行业划分	中超	中甲
房地产业	5	3
商务服务业	5	3
批发业	2	0
体育	1	0
建筑安装业	1	0
水上运输业	1	0
科技推广和应用服务业	1	0
住宿业	0	1
个人	0	3
文化艺术业	0	1
研究和试验发展	0	1
医药制造业	0	1
电气机械和器材制造业	0	1
新闻和出版业	0	1
土木工程建筑业	0	1

注：依据我国工商管理体系相关要求划分

　　无论控股股东属于什么行业，只要是非体育类股东企业，那么这些股东企业都属于跨界投资与经营。因此，排除 1 家体育类企业与 3 家个人控股俱乐部，我国职业足球俱乐部跨界股东占到了 87.5%，其中中超俱乐部达到了 93.75%。

　　俱乐部股东的跨界投资与经营，容易引发短期行为与非专业化管理问题，俱乐部名称的企业化是其重要表现形式。由于我国职业足球俱乐部还未能达到投资与收益的合理比例，资本的逐利性致使投资商不断更迭。新投资商的介入，往往会更改俱乐部名称，从而达到为自己本企业做广告的目的，最终平衡自己的资本投入。此外，跨界投资商直接对俱乐部进行管理，缺乏专业的中间管理公司，难以全面了解体育俱乐部的营销与管理特点，从而易造成认识与战略发展上的决策失误，俱乐部名称的企业化也是其表现之一。

（四）股权转让与俱乐部易名

自 1994 年中国足球步入职业化轨道以来，中国足球俱乐部股权转让近 200 次。十年甲 A 与甲 B 期间，围绕俱乐部的转让、迁移、解散、破产多达 127 次，同一职业球队甚至先后出现四度易主的现象①。2014—2016 年，我国职业足球俱乐部共发生了 13 次易名（表 4-21）。除上海绿地申花 2015 年第二次易名外，其他易名均发生在主投资商发生变化后。此外，除深圳俱乐部以中性名称命名外，其他俱乐部在投资商改变后，俱乐部的名称均是以主投资商企业或关联企业名称来命名，而且这种现象主要发生在临近的 2 年期间。

从俱乐部的产权结构来看，易名前的俱乐部名称基本是由主投资商的名称而定。其中较为特殊的是深圳红钻、北京八喜联合竞技、青岛海牛、延边长白山、江苏舜天 5 家俱乐部。但从俱乐部的发展历史来看，只有 2 家俱乐部的名称与主投资商无关：青岛海牛是沿用了俱乐部的原有名称，投资商根据俱乐部的名称进行了更名；延边长白山是把俱乐部的冠名权进行了销售。因此，绝大多数俱乐部在易名前都采用了主投资商的名称。

易名后的俱乐部在企业化名称方面的特征更加明显。从表面文字来看，仅有河北华夏幸福、深圳、内蒙古中优 3 家俱乐部体现出与主投资商无关。除深圳俱乐部采用中性名称外，另外两家俱乐部从控股人角度来看，华夏幸福基业股份有限公司与廊坊京御房地产开发有限公司、山西嘉怡房地产开发有限公司与上海中优房地产集团有限公司都属于一个法人代表，也就是俱乐部名称采用了主投资商下属的另外一个企业的名称，同样属于企业化名称，且比易名前表现得更加明显。

表 4-21　2014—2016 年投资商变化与俱乐部名称变化统计

俱乐部名称变化	年份	原主要投资商与股权	现主要投资商与股权
上海申花联盛—上海绿地	2014	上海联城足球俱乐部有限公司 28.57%	上海绿地体育文化发展有限公司 100%

① 引自长春亚泰俱乐部调研记录。

续表

俱乐部名称变化	年份	原主要投资商与股权	现主要投资商与股权
上海东亚—上海上港	2014	上海东亚（集团）有限公司 40%	上海国际港务（集团）股份有限公司 100%
上海绿地—上海绿地申花	2015	上海绿地体育文化发展有限公司 100%	上海绿地体育文化发展有限公司 100%
广州恒大—广州恒大淘宝	2015	恒大地产集团 100%	恒大地产集团有限公司 50%（次年 60%）；阿里巴巴（中国）网络技术有限公司 50%（次年 40%）
河北中基—河北华夏幸福	2015	河北中基房地产开发有限公司 46.67%	廊坊京御房地产开发有限公司 100%
深圳红钻—深圳	2015	深圳兆能源酒店供应股份有限公司 55%；深圳红钻集团有限公司 35%	深圳兆能源酒店供应股份有限公司 55%
北京八喜联合竞技—北京控股	2015	北京东方龙威国际体育文化发展有限公司 100%	北京北控文化体育有限公司 80%
太原中优嘉怡—内蒙古中优	2015	山西嘉怡房地产开发有限公司 100%	山西嘉怡房地产开发有限公司 100%
天津松江—天津权健	2016	天津松江股份有限公司 100%—天津滨海发展投资控股有限公司（参股松江股份）100%	权健自然医学科技发展有限公司 100%
贵州智诚—贵州恒丰智诚	2016	贵州智诚企业集团投资有限公司 100%（约）	贵州恒丰伟业房地产开发有限公司 66%
青岛海牛—青岛黄海	2015	青岛海牛锦灏投资有限公司 66.67%	青岛黄海制药有限责任公司 67.03%
延边长白山—延边富德	2016	延边体育运动管理中心 100%	深圳市富德金融投资控股有限公司 70%
江苏舜天—江苏苏宁	2016	江苏省国信资产管理集团有限公司 100%	苏宁电器集团有限公司 100%

　　纵观国际职业足坛，频繁变更主场城市、变更俱乐部名称的情况非常罕见，而在我国却成为常态，有些俱乐部高价买壳后仍难逃降级厄运，俱乐部在持续的不稳定状态下不可能健康生存，更不可能谈发展。球队名称频繁更换的最根本原因是股权结构不合理。此外，我国职业足球俱乐部是从计划经济体制下的专业运动队转化而来的，职业联赛的开展完全依靠企业的赞助，企业的兴衰也极大程度地影响了球队的运营与发展。

（五）合理的股权结构与俱乐部名称非企业化

什么样的股权结构更合理、更符合职业足球发展规律呢？从国外联赛经验来看，多元化、地域化投资，能够形成较为稳定的股权结构。2015 年 3 月 8 日，由国务院办公厅印发的《中国足球改革发展总体方案》明确提出要优化俱乐部股权结构，实行政府、企业、个人多元投资，鼓励俱乐部所在地政府以足球场馆等资源投资入股，形成合理的投资来源结构，推动实现俱乐部的地域化，鼓励具备条件的俱乐部逐步实现名称的非企业化。

从英超发展来看，俱乐部与社区以及球迷之间紧密协同，俱乐部的生存和发展依赖于球迷购买带来的商业收入，也通过球迷购买俱乐部的股权来保持俱乐部的稳定。英国俱乐部一般以城市或地域相关因素命名，而不体现投资商的名称，这对于增强球迷的认同感和归属感也起到一定的作用。

由此可见，俱乐部名称上的非企业化是俱乐部调整内部股权结构，形成完善俱乐部法人治理结构，建设现代企业制度的体现，其真实内涵之一是摆脱单一企业对俱乐部的控制。中国职业足球俱乐部进行股权改革的同时，参照国际经验，俱乐部名称要逐步实现非企业化，树立俱乐部品牌。英超的百年俱乐部，充分说明了俱乐部品牌与名称非企业化的紧密联系。

名称的非企业化首先会增强俱乐部品牌的延续性。足球俱乐部品牌延续性是指在建立了足球俱乐部之后，俱乐部品牌以俱乐部的体育产业为经济支柱，在社会群体上有着广泛的群众（会员）基础，独立运作，几年甚至几十年沿袭的一个过程①。我国足球俱乐部的名称多采用"地名+投资商名称"的方式，会随着投资人的改变而改变。名称非企业化的优势是即便投资方更换，俱乐部的名称也会继续沿用下去，可以加强品牌的延续性。

---

① 王鹏飞，甄志平.国内外足球俱乐部品牌延续性研究.首都体育学院学报，2007，19（1）：27.

名称的非企业化会给职业俱乐部带来打造强势品牌的压力与动力。在职业化初期，国有企业与职业足球俱乐部的"联姻"对俱乐部的产生成长起到过巨大的推动作用。国企催生了中国职业足球，俱乐部"壳资源"推动了企业成长①。

　　名称的非企业化会对职业俱乐部的投资人进行分化。部分俱乐部投资人出于自身的逐利动机，他们看中的是俱乐部带来的巨大经济或政治效应，只是想要获取短期投资回报的利益，而不是看重对俱乐部品牌的建设和对俱乐部的长期培育②。当俱乐部采用中性名称后，这些短期利益将不复存在，这些投资人便会失去投资的兴趣。俱乐部在经过政治、经济、社会、技术等综合因素博弈后，最终会分化出长远建设俱乐部的投资人，从而间接地促进俱乐部形成合理的股权结构。

　　《中国足球协会关于中超俱乐部产权转让的规定》中指出，多元化的投融资渠道（政府、企业和个人等）以及多样化的融资形式（内部划转、股权融资和债务融资等），缺少专门性法规或部门规章的规制，使得投资主体和融资形式得不到相应法律法规的规范和界定。

　　此外，关于股东资格的法律细节，仍需要再讨论。如《中国足球协会关于中超俱乐部产权转让的规定》对转让方应具备的条件有规定"转让方在三年内所转让的股权份额累计不得高于其所持股权的 50%"，如果发生俱乐部资不抵债、巨额亏损、无力经营甚至破产的情况，或者在与其他俱乐部没有任何关联或关系的前提下，投资人若在自己实际控制的下属企业转让股权或者更换投资人，是否该受此条款的限制没有明确约定。

（六）国外职业足球俱乐部多元化投资对我国俱乐部股权改革的启示

　　欧洲绝大多数职业足球俱乐部的所有权结构可以大致分为三种：

---

① 顾晨光. 国有企业与职业足球俱乐部成长. 中国体育科技，2005，41（1）：55.
② 刘凤婷，张四清. 职业体育俱乐部名称与品牌塑造关系研究. 体育与科学，2005，26（6）：47.

①上市公司，即在证券交易所上市进行交易的股份有限公司。比如，在纽约上市的曼联、在米兰上市的尤文图斯、在法兰克福上市的多特蒙德等俱乐部。②非上市公司，一般指未上市公开交易的股份有限公司，包括老板个人拥有全部股权的"私有制"。比如，切尔西、曼城、AC米兰等欧洲大部分职业足球俱乐部。③会员制，即由俱乐部会员行使投票权来决定俱乐部重大事项的非营利组织，比起一般的商业公司更像是一种公共机构，如西甲的皇马、巴萨等四家俱乐部，以及德甲中以拜仁慕尼黑为首的大部分球队。①

1. 德国的"50+1"政策

在德国，德甲的财务是欧洲各国足球联赛中最为稳定和健康的，这与德国足协在1998年通过的"50+1"的政策是分不开的。"50+1"政策中最为核心的内容之一是：在保持会员制的基础上，一家体育俱乐部拥有自己的足球部门，并且在该股份公司中"具有多数参与权"。"具有多数参与权"是指：俱乐部在所有资产所有人中，在50%的表决权之外，至少额外再拥有一个进一步的表决权比例。这个"多数参与权"保证了俱乐部会员在俱乐部事务的决策中拥有超过一半的表决权，决定了德甲俱乐部在做决策的时候要坚持少数服从多数的原则，由投资者和俱乐部的会员们共同做出决定。由于俱乐部在真正意义上就不属于投资者个人，投资人就不会投入太多金钱，可以避免单一大股东撤资引发的俱乐部经营危机。而作为会员控股的俱乐部，每年盈利与亏损都需要俱乐部自己承担，所以在转会市场上就会更加谨慎，尽量确保物有所值，这对俱乐部健康运营和长久发展起到了很大的积极作用，保护了俱乐部不至于因经营不善而破产。此外，德甲的球员工资水平也较为合理，这是保持联赛运营稳定的重要原因之一（德甲俱乐部的球员工资占俱乐部收入的38%，英超俱乐部的球员工资占67%）。②

---

① 俱乐部的经营之道：上市公司篇. http://www.dongqiudi.com/archive/33730.html.
② Evans S. German football model is a league apart. www.bbc.com/news/ business-22625160 [2013-05-24].

现任首席执行官瓦茨克在 2005 年接手多特蒙德俱乐部时，俱乐部负债 1.2 亿欧元。为了偿还短期贷款，俱乐部抵押了球员训练、比赛的体育场，并支付了一年 1700 万元的场地使用费用。在瓦茨克的调整下，俱乐部买回了体育场，建设了最新水平的训练中心，把所有精力用来培养青年选手，而不是聘用高薪明星球员。从目前看，这个策略非常奏效。

瓦茨克在谈及德国足球俱乐部的运营方式时表示："德国球迷们都渴望归属感，他们希望成为俱乐部的主人，当俱乐部将球迷们视作赚钱客户的话，那么你将失去球迷们的支持。因此，德国的足球俱乐部都极力给予球迷们做球队主人翁的感觉，这是非常重要的经营策略。"①瓦茨克调整了俱乐部的股东结构，去除大部分大型机构的投资商，把 82% 的股份转至多样化的小型投资者，且大多数都是球迷。在俱乐部经济最低迷的时候，每股的价格只有 1 欧元。但由于是球迷掌握了大多数的股权，就没有了出售俱乐部的压力。随着经营状况转好，股价也在不断上升。在赢下德甲冠军头衔后，多特蒙德门票销售额上升，赞助金额提升。多特蒙德俱乐部非常重视当地社区的草根阶层。多特蒙德的一位 30 多年的球迷当得知自己有机会购买他深爱的俱乐部的股份后，高兴得跳了起来，他说："感觉自己已经成为俱乐部的一部分，这种感觉非常棒！"②

2. 西班牙的会员制改革

1978 年，西班牙新宪法宣布，政府开始拿出巨额资金扶持公共体育事业的发展。在接下来的 12 年时间内，建成了今日西班牙体育设施中的 64%，其中足球俱乐部相关设施的出资，一半就来自当时的政府拨款。西班牙足球俱乐部普遍采用会员制，以会员会费的方式筹集俱乐部运营资金。西班牙的会员制俱乐部，是一种类似于公共基金会的非营利机构。从严格意义上来说，这样的公共机构没有所有人，即使缴纳会

---

① 多特 CEO：英超已沦为金钱游戏 球队坚持球迷至上. http://sports.sohu.com/20121205/n359525854. shtml.

② Evans S. German football model is a league apart.www.bbc.com/news/business-22625160[2013-05-24].

费获得投票权的所有会员也不能拥有俱乐部任何比例的所有权。俱乐部每年经营所产生的盈利，由于没有任何需要分红的所有者，除了填补往年亏损或是提取部分公积金之外，会以极高的税率将大部分上缴给国家。

但由于会员制俱乐部具有"球队花钱，会员买单"的特点，俱乐部很难在财务上做到量入为出，加之随着足球经济的规模越来越庞大，大部分俱乐部都逐渐承担不起日益增长的开销包括职业球员的工资、跨国比赛的差旅及住宿等费用，高额的运营成本使绝大多数的会员制俱乐部举步维艰，到 20 世纪 80 年代后期，众多职业足球俱乐部负债累累。为了拯救西班牙职业足球俱乐部，1990 年，西班牙政府开始进行彻底的改革，要求所有西甲职业足球俱乐部都必须从会员制改组成有限责任公司制，从不是任何人所有的公众机构变成有注册资本的经济实体。俱乐部出售股份完成注册需要的融资，而原本欠下的债务由西班牙政府一次性代为付清，再由俱乐部分 12 年慢慢还给政府。改组以 1992 年 6 月 30 日为限，到期未完成者强行解散或者降入丙级。只有皇家马德里、巴塞罗那、毕尔巴鄂竞技以及奥萨苏纳竞技四家俱乐部被排除在这一改组之外，原因是上述俱乐部的收入能够保证比较良好的偿债能力和未来的持续经营。

在西班牙职业足球俱乐部中，股权众筹是许多经营困难的俱乐部喜欢采用的一种脱困方式。如皇家奥维多第一次进行股权众筹，是因为当时俱乐部的确在经营方面遇到了困难，负债 240 万欧元。2012 年 11 月，皇家奥维多足球俱乐部就进行了首次面向全球的公开售股，当时的世界首富——墨西哥的卡洛斯·斯利姆，用 200 万欧元购买了皇家奥维多的股份，成为俱乐部的最大股东。首次公开募股后，该俱乐部的股东共有 36 962 位，遍布 86 个国家，皇家奥维多因此成为全世界股东最多的俱乐部。在第一次募集中，共有约 100 多位中国球迷成为其股东。①继第一次

---

① 西乙皇家奥维多向全球售股 重庆球迷购买 100 股. http://sports.people.com.cn/n/2015/0507/c22176-26964052.html[2015-05-07].

公开募股成功后，摆脱经营困境的皇家奥维多再次进行股权众筹，俱乐部希望通过股权认购，增加球迷数量，扩大球队影响力，以每股 11.5 欧元公开发行股票，买够 4 股就能参加股东大会。而特别制作的中文网页说明了俱乐部对于中国市场的重视。①

3. 意大利脆弱的股权结构

意大利足球甲级联赛俱乐部几乎全是家族企业，俱乐部几乎都由一个家族供养。一旦家族财务出现问题，俱乐部必然受到牵连。国际米兰俱乐部前主席莫拉蒂曾经痛苦地说："意大利足球征服了世界，但花的都是自己的钱。"他实则是在批判意大利足球俱乐部畸形的股权结构。

2015 年，帕尔马俱乐部宣布破产，这是意大利职业足球俱乐部病症的缩影。与意大利足球甲级联赛其他俱乐部一样，帕尔马俱乐部原由意大利著名乳业公司帕玛拉特集团投资，资金来源单一。2003 年，帕玛拉特集团破产，帕尔马俱乐部资金链断流，2004 年处于监控接管状态，一直处于破产边缘。虽然此后帕尔马两次变更主人，却始终没能拉到救命的投资，百年俱乐部于 2015 年宣布破产。②从根源来看，帕尔马的破产与其脆弱的股权结构不无关系。

这种资金来源单一的运作模式，使得意大利多数足球俱乐部出现了运营危机，意大利足球也在寻求转型。为了调整俱乐部股权结构，意大利足协对其足协章程中"持股限制"（禁止任何人直接或间接持有一家以上职业足球俱乐部的股权）做出了修改，补充规定允许一个股东同时拥有几家俱乐部的股权，但要求其在俱乐部的股权至少有一家是报价的，并且规定其不占有投票权的多数或不能在几家俱乐部的股东大会上同时具有支配权，违反规则将导致至少为期一年的股权丧失。此外，意大利足协章程中还对小额股东进行权利保护。"每一个缺席或持有异议的股东可以要求法庭取消违背适用法律或俱乐部章程的股东决议。每一

---

① 西班牙足球小俱乐部借股权众筹脱困. https://www.zczj.com/news/2015-05-18/content-1815.html.
② 新闻联播罕见播报国外足球俱乐部破产消息. http://news.163.com/15/0322/14/ALAOA2QH0001124J.html.

位股东都可以将认为是错误的行动或事实提请法定审计员委员会审查。按照 58 日法案，如果这些股东代表了俱乐部 2%以上的股本份额，法定审计员委员会必须即刻进行调查,并将调查结果报告和建议给股东大会。代表俱乐部 5%的以上股本的份额的股东有权将重大违规行为报告给相关法庭。此外，至少占有俱乐部股本份额 5%,并且在同期至少为 6 个月的股东可以对俱乐部的董事、法定审计员和总经理提起责任诉讼。如果只有不足 5%的股东投票反对这类弃权书或妥协，俱乐部才可以对这类诉讼弃权或妥协。如果提出要求的股东成功了，并且，法庭没有让有关董事、法定审计员或总经理给出诉讼费，或者是诉讼费不能从这些董事、法定审计员或总经理处返还，俱乐部将补上这一诉讼案的法律费用。"①

4. 英国的球迷基金会和球迷控股俱乐部

英超俱乐部的绝大多数股权由富豪们掌握，即使普通球迷持有股票，数额也微不足道。如曼联只将部分投票权有限的甲种股票出售，而富豪们所持有的乙种股票的话语权要高于甲种股票持有者十倍,对曼联享有绝对的控制权。除了铁杆球迷，很少有投资者对甲种股票感兴趣。

阿森纳的股票面值较高，每股在 1 万英镑以上，在球迷组织呼吁和推动下，俱乐部实施了"阿森纳球迷股份"（Arsenal Fanshare）计划，这个计划给了球迷投资购买股份的机会。俱乐部允许球迷以 1%的股票面额认购"球迷股票"，球迷被邀请支付至少 100 英镑来购买阿森纳一股股票的一小份。尽管只花了 100 英镑，但球迷可以获得参加阿森纳足球俱乐部年度股东大会的资格。

在英乙中，依托基金会管理俱乐部的方式更为常见。有 5 家俱乐部由球迷持有较大股额，分别是 AFC 温布尔登（20 世纪 90 年代温布尔登俱乐部）、埃克塞特城、朴次茅斯、约克城和韦康比流浪者。其中，

---

① 国家体育总局体育信息研究中心.意大利罗马足球俱乐部股权结构及股票发行.新财经，2001，（5）：44.

朴次茅斯是英格兰球迷完全控股,也是上述 5 家中规模最大的,朴次茅斯自英超降级跌到英乙,险些破产,2013 年成立了球迷基金会,球迷自筹买下球场,拯救了俱乐部,成为为数不多的由球迷自主管理控制的俱乐部。2013 年 4 月,朴次茅斯完成了转让,由球迷组成的团体与球场的所有者巴尔拉姆·钱礼的公司达成协议,朴次茅斯最终回到球迷手中,也成为为数不多的由球迷自主管理控制的俱乐部。2013 年 6 月 26日,朴次茅斯足球俱乐部与朴次茅斯大学达成协议,使用朴次茅斯大学朗斯通校区的体育训练中心作为自己的下赛季训练基地。在 AFC 温布尔登俱乐部,球迷们成立了顿斯基金会管理资金,延续温布尔登的足球传统。基金会由球队的支持者组成,使俱乐部成为一家球迷所有权俱乐部。球迷所有权预示了俱乐部的财务稳定及持续投资,球迷感到真正成为俱乐部的一员。在足球联盟中,俱乐部无法绝对保障收入来源时都会对当地社区和公众有很强的依赖。

在苏格兰职业联赛中,2016—2017 赛季,Wexford Youths 易名 Wexford FC,Waterford 联队易名 Waterford FC,俱乐部的主客场球迷帮助俱乐部度过了赛季的危机。越来越多的案例证明了俱乐部的投资艰难。从 Cork 到 Fingal,从 Wexford 到 Dundalk,一个不同的俱乐部股权结构将改变爱尔兰足球的命运,这就是球迷所有权。每个球迷都有机会购买俱乐部股份,作为回报,俱乐部允许球迷们有投票权以及进入董事会的机会。

5. 日本职业足球联赛的变革

日本职业足球联赛成立伊始的情况跟我国的情况类似。起初,俱乐部的投资主要来自一家财团,投资结构单一。20 世纪 80 年代末期开始出现泡沫经济,日本经济衰退,并在很长一段时间一直处于经济萧条状态,这也给财团带来极大的投资压力。这种只由一家财团运作俱乐部的模式,单一资本十分脆弱,很容易由于财团出现财务问题而造成俱乐部运营困难。因此,联赛逐步优化了俱乐部的投资结构,采用股份制,如果有几个大财团来支撑俱乐部，即使其中一两个财团出现财务困难，俱乐部的发展也不会受到致命性的影响。联赛鼓励俱乐部通过吸引地方投资变得经济独立。在具体运作上，首先，日本足协在已有的俱乐部中寻找合适的目标，促使俱乐部老板、当地市政委员会、地方政府和大量的中小型企业联合投资，所有这些投资人都有意于促进当地社会经济的发展。其次，日本足协寻找公众基金解决体育场地和设施问题，如果联赛运作成功，这些利益相关者都将成为受益人。如东京足球俱乐部，2010年俱乐部的资本金（股本金）是1.3亿日元（相当于人民币980万元），由256个团体提供。其中，四成资本金主要来源于14个财团，其中东京电力、新日本石油、清水建设等各占5%，另外的资本金则由东京各个社区的个人或商店提供。①所以社区的资金力量不可小觑，而且这些出资人没有任何回报，全是免费赞助。

6. 国外足球俱乐部股权改革对我国俱乐部股权改革的启示

上述各国的足球俱乐部股权改革，从形式上看，除英国外都是自上而下的改革，由各国足协统一制定规则，具有强制性；从内容上看，都是对单一控股股权进行遏制，实行多元化投资，分散大股东持股；从方法上看，都极为重视球迷持股，多家俱乐部，正是由于球迷的投资，才得以生存和发展，球迷的投资不求利润回报，而是全心全意为了俱乐部的可持续发展；从保障措施上看，有相应的法律法规作保障，如德国的"50+1"政策和意大利新修订的足协章程。虽然上述五大联赛的运营方式不同，改革的背景不同，但在改革的方式方法上具有一定的共性特征，这些特征反映出职业足球发展的规律，也为我国职业足球俱乐部的改革提供了一定的经验借鉴。

（1）降低股权集中度，逐步减少控股股东股份

如前文所述，中超俱乐部的股权结构问题之一就是股权集中度过高、控股股东持股比例过高。这样，一是使得俱乐部与投资企业联系过

---

① 日本J联赛启示录：让众多小股东撑起俱乐部. http://sports.qq.com/a/20100212/000754.htm[2010-02-12].

于紧密，容易引发俱乐部经营危机，二是不利于股东之间的相互制衡。所以，如果要优化股权结构，降低股权集中度，逐步减少控股股东股份是必要的。对于独资控股的俱乐部，要鼓励其他企业积极投资入股；对于多家企业投资的俱乐部，要降低股权集中度，即降低第一股东的持股比例，提高第二、第三等大股东的持股比例。由于中超俱乐部的股权改革尚处在探索阶段，股权也不能过于分散，股权结构应朝着适度集中，有相对控股股东存在的方向进行，以保证股东之间的相互制衡。

（2）丰富投资企业行业类别，扩大投资主体

在优化股权结构时，要避免单一领域投资。目前，中超俱乐部投资方主要集中在房地产行业，投资方过于集中在某个领域具有较大风险，因此，多元化投资还应该包括不同类别企业投资，避免某一行业不景气带来的财务不稳定影响俱乐部运行。从国外职业足球俱乐部的投资主体来看，包括企业、政府、基金会和个人，呈现多元化的特征。此外，为了避免单一集团掌控俱乐部,应该避免互为关联的母公司和子公司投资入股，否则，虽然形式上有多个股东、多个投资主体，但实际上俱乐部依然在单一集团的掌控之中。

（3）拓展股份种类，保障多元主体投资

国外职业足球俱乐部股份种类不同，股价也具有较大差异。从我国目前状况看，可以考虑政府以场馆等资源入股，企业或个人以购买俱乐部股份方式入股。对于单股价格高的股票，可以将股票拆分为更小的份额，向会员和球迷销售，以基金会的形式运营，如阿森纳的球迷股份计划。向会员和球迷销售股份之前，要建立完善的俱乐部会员制度。在国外职业足球俱乐部的股份销售中,大众持股的主要销售对象是俱乐部的会员，俱乐部对会员的管理已经较为完善。

（4）出台相关政策法规，维护投资主体权益

国外足球俱乐部在股权改革的同时，为了保护中小股东的权益，出台了相关的法规和政策。如意大利足球甲级联赛的章程规定，"每一位

股东都可以将认为是错误的行动或事实提请法定审计员委员会审查。按照 58 日法案，如果这些股东代表了俱乐部 2%以上的股本份额，法定审计员委员会必须即刻进行调查，并将调查结果报告和建议给股东大会。代表俱乐部 5%的以上股本的份额的股东有权将重大违规行为报告给相关法庭。此外，至少占有俱乐部股本份额 5%，并且在同期至少为 6 个月的股东可以对俱乐部的董事、法定审计员和总经理提起责任诉讼"①。这些规定无疑保护了中小股东的权益。

《中国足球协会关于中超俱乐部产权转让的规定》中关于股东资格的某些法律细节仍需要再商榷。此外，针对投融资渠道（政府、企业、基金会和个人等）以及多样化的融资形式（内部划转、股权融资和债务融资等），仍然缺少专门性法规或部门规章的规制，投资主体和融资形式得不到相应法律法规的规范和界定。因此，为保障俱乐部股权改革的有效进行，与此相关的政策法规仍有待制定和完善。

二、后备人才培养

（一）"三级训练网"培养体系

俱乐部地域化还体现在地区人才的培养上，球队的人力资源更多应来自俱乐部所在地。长期以来，我国竞技人才培养采用的是计划经济时期建立起来的"三级训练网"培养体系，政府通过运用行政手段构建了一个相对独立的竞技后备人才培养系统，由训练网中最基层的体育组织培养、选拔优秀的运动员，并向高一层级的组织输送这些高水平的运动员。

我国三级训练网中最基层体育组织——体育运动学校和少年儿童业余体校的数量出现减少趋势，尤其是少年儿童业余体校的数量从 2004 年的 2176 所大幅下滑到 2009 年的 1600 所（图 4-4，图 4-5）。三

---

① 国家体育总局体育信息研究中心. 意大利罗马足球俱乐部股权结构及股票发行. 新财经，2001，（5）：44.

级训练网的培养根基已经开始动摇。

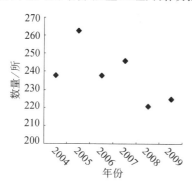

图4-4　2004—2009年我国体育
运动学校机构数
资料来源：《体育事业统计年鉴》
（2005—2010 年）

图4-5　2004—2009年我国少年儿童
业余体校机构数
资料来源：《体育事业统计年鉴》
（2005—2010 年）

　　除了基层体育组织的数量减少外，足球、篮球、排球项目的在训学生数量也呈现下降的趋势。足球项目在训学生数量下滑趋势最明显，作为一项普及程度较高的运动项目，截至 2008 年，足球体育运动学校的在训学生数量仅为 3375 人（表 4-22），足球少年儿童业余体校的在训人数 2005—2008 年逐年下降（表 4-23）。

表 4-22　2005—2008 年我国足球体育

运动学校在训学生数			单位：人
年份	2005	2006	2007	2008
学生数量	4296	4412	3629	3375

资料来源：《体育事业统计年鉴》（2006—2009 年）

表 4-23　2005—2008 年我国足球少年儿童业余

体校在训人数			单位：人
年份	2005	2006	2007	2008
人数	22 140	20 770	20 690	18 347

资料来源：《体育事业统计年鉴》（2006—2009 年）

　　职业体育推行以后，我国试图转变原有的竞技人才培养体系，效仿国外由各俱乐部培养人才的方式。中国足协尝试将青少年足球的具体工作逐步下放到俱乐部所属梯队和独立的足球学校。但是，从目前足球项目的改革效果来看，效果不尽如人意，"足球学校在经历了职业化初期短暂的辉煌之后，开始大幅下降，从鼎盛时期的 4300 多所下滑到 20 多所。大连市曾拥有近 30 家青少年足球俱乐部，3000 多名青少年运动员，现在俱乐部都已关闭；在沈阳市足协注册的青少年，从最高峰 1998 年的 2500 人锐减到 2007 年的不足百人，注册的训练单位由 1998 年的 25 家业余俱乐部、足球学校减少到目前的 5 家俱乐部"①。在足协注册的青少年足球运动员数量由职业化初期的 65 万人，骤然降到 2008 年的 3 万人（表 4-24），短短的十几年间我国青少年足球人口严重缩水。这些触目惊心的数字将我国足球后备人才匮乏的状况暴露无遗。

表 4-24　我国在足协注册的青少年足球运动员数量　单位：万人

时间	1990—1995	1996—2000	2001—2005	2008
人数	65	61	18	3

资料来源：杨一民. 关于我国青少年足球主要问题与对策的探讨. 中国体育科技，2007，43（1）：33-35

　　2008 年 11 月，由教育部和国家体育总局主办的"中国青少年校园足球发展计划"正式启动。这一计划收到了较好的效果，2012 年，足协建立的数据库显示，1997/1998 年龄段球员参赛队伍为 37 支，总注册人数为 2600 人；1999/2000 年龄段参赛队伍 39 支，总注册人数 2700 人。球队数量上比 1993/1994 年龄段的 19 支、1995/1996 年龄段的 23 支大幅增加，注册球员总人数也增加了近 3000 人。②开展校园足球 3 年以来，全国有 49 个国家布局城市，3 个试点县，8 个省推行在省内的布局，全国开展校园足球的城市 110 个，主要是推广小学和初中的校园足球，刚开始有 2000 多所学校，到 2012 年是 5040 多所学校，参与足球活动的学生 2011 年有 170 多万人，注册人数 7 万多人，2012 年参与

---

① 张宴飞. 2018 年中国没人踢球，靠 109 人如何冲击世界杯？http://sports.sina.com.cn/c/2008-01-09/02023405688.shtml[2008-01-09].
② 孙永军. 足协建立青少年球员档案库，注册人数大幅增加. http://sports.sina.com.cn/c/2012-05-26/054560 75933.shtml[2012-05-26].

的学生超过 270 万人，注册人数 19 万多人，3 年来青少年足球人口从参与到提高，相比以前成倍增长，成效十分显著。还有很多学校的校长和体育教师，接受了普及足球知识和足球技能的强化培训。[①]

（二）俱乐部青少年梯队培养

除了"中国青少年校园足球发展计划"带来的本地区足球后备人才的积极变化以外，中超各俱乐部也在积极培养青少年梯队。在中超俱乐部准入规定中要求"俱乐部应组建不同年龄段的青少年后备梯队，后备梯队可以自建或者采用多种形式与体育行政管理部门、会员协会、学校联办"。中超俱乐部对本地人才培养都较为重视。如上海上港集团俱乐部的球员、教练员以及工作人员多数都是上海籍人，继承了徐根宝教练的根底。上海上港集团俱乐部于 2014 年收购上海幸运星俱乐部1997/1998 和 1999/2000 两个年龄段的梯队，2015 年底成立青训部，包括全运队、精英队、2000 梯队和 2002 梯队。上海上港集团俱乐部建立了上港青训基地，教练员培训也在俱乐部发展计划内。长春亚泰俱乐部植根于本土，把俱乐部的文化融入长春城市文化中，确立了通过加强本土化青训，反哺和促进俱乐部发展的战略。从 2016 年开始，长春亚泰俱乐部走进幼儿园、小学、初中，搭建本土化的人才培养构架，摸索可持续发展之路。

虽然各家俱乐部都有球员梯队，但从目前的情况看，地区人才培养仍然存在一定的问题，如出现梯队年龄断档、投入经费不足等问题。在2011 年颁布的《中国足球协会职业联赛俱乐部准入条件和审查办法》与《中国足球协会职业联赛俱乐部准入实施细则》中，对于本地域培养人才的数量并没有做相关规定，仅对青少年投入经费、U17 队伍人数做出规定，因此，部分俱乐部仅以一线队成绩为目标，并不重视青少年梯队的建设。

---

① 专访足协副主席：青少年足球人口成倍增长 注册 19 万. http://sports.sina.com.cn/c/2012-12-04/00006322645. shtml[2012-12-04].

在对俱乐部的调研中，各俱乐部建议体教结合。为俱乐部在每个年龄段规定好培养人数与布点学校，并将之报到省级和市级教委，做好备案，以特长生的形式允许在指定地域参加学习、考试，并形成制度化。此种方式能够把俱乐部发展与当地教育紧密联系起来，与地域元素深入结合。

（三）足协后备人才培养体系

后备人才的培养，不仅是俱乐部的任务，足协也应当承担人才培养与发展的责任。职业足球发展较好的国家都具备人才培养的完整体系。

英国英格兰地区通过发展社区草根足球和衔接顺畅的 11 级联赛来发掘和选拔人才。草根，作为一个描述性词汇，覆盖了英格兰带有娱乐性质的足球活动——从在公园里踢球一直到俱乐部，再进入足球职业联盟，成为半职业球员或者职业球员。英格兰是唯一一个拥有能够升降级的 11 级联盟体系的地区，该体系能够使具有足球天赋的优秀球员从公园足球开始奋斗升至联盟俱乐部。杰米·瓦尔迪（Jamie Vardy）就是通过这种方式逐渐成长为足球巨星的。他从英格兰第 8 级联赛起步，获得过第 6 级别的北部联赛冠军、第 5 级别的全国联赛冠军和第 2 级别的英冠冠军，一步一个脚印地走入英超，曾创造过非职业联赛转会纪录的 100 万英镑纪录，位居过英超射手榜第一。英格兰的 11 级联赛体系给予了有足球梦想的人们以希望，也是通过这个完整的系统，英格兰的足球人才源源不断、层出不穷。

从职业足球俱乐部所在城市看，有较多的草根阶层业余足球联赛，这些联赛已经形成一定的规模，但是较为零散和不规范。建议地方足协整合这些草根业余联赛资源，像英超的 11 级联赛取经，设立不同等级的业余联赛，并逐步升级，这样有利于更大范围地选拔后备人才，也给予有天赋的球员发展的机遇。

三、足球场地设施

场地设施是俱乐部训练和足球联赛举办的必要物质条件和保障。俱乐部主场也是球迷与球队和队员建立情感的重要场所。而且，随着现代科技的发展以及足球运动项目发展的需要，对场地设施的科技要求也在不断提高。因此，俱乐部拥有固定的主场是职业足球发展的必要物质条件。国外职业足球俱乐部的准入规定中一般都会写明每支俱乐部必须选定一个固定的地点作为俱乐部主场。

中超俱乐部在准入规定中要求"俱乐部应拥有具备全部所有权或控股权或不少于十年使用权的训练基地"，但并没有对场地固定做出规定。

足球职业联赛发展至今，场地设施环境较职业化初期有了较大改善。中超各主体育场大多数设在我国的一线城市，16 个场地的容量均超过 3 万人，其中 10 个超过 5 万人；有 1 个专业的足球场，其余都是带有田径竞赛区域的综合运动场（表 4-25）。但在俱乐部访谈调研中，很多球队经理提到"绝大部分中超俱乐部没有真正意义上的主场，场地质量与品牌都与俱乐部无关，对于文化建设和场地运营管理都是很困难的"。

表 4-25　中超各主场场馆概况

俱乐部	主场	产权归属	座席数量/个	建成或改造时间/年	功能
天津泰达	天津奥林匹克中心体育场	市政府	60 000	2006	综合运动场
上海绿地申花	上海虹口足球场	市政府	35 000	1999	专业足球场
河南建业	郑州航海体育场	俱乐部	31 500	2002	综合运动场
河北华夏幸福	秦皇岛奥体中心体育场	市政府	60 000	2003	综合运动场
广州恒大淘宝	天河体育中心	市政府	56 000	2008	综合运动场
山东鲁能泰山	山东省体育中心	市政府	50 000	1988	综合运动场
长春亚泰	长春市体育场	市政府	42 000	1992	综合运动场

续表

俱乐部	主场	产权归属	座席数量/个	建成或改造时间/年	功能
辽宁宏运	沈阳奥体中心体育场	市政府	60 000	2007	综合运动场
石家庄永昌	河北奥体中心体育场	市政府	60 000	2015	综合运动场
北京国安	北京工人体育场	市政府	62 000	2008	综合运动场
江苏苏宁	南京奥体中心体育场	市政府	62 000	2005	综合运动场
杭州绿城	黄龙体育中心	市政府	54 000	1994	综合运动场
重庆力帆	永川区体育中心	市政府	30 000	2007	综合运动场
延边富德	延吉市人民体育场	市政府	43 200	1982	综合运动场
上海上港	上海体育场	市政府	56 000	1997	综合运动场
广州富力	越秀山体育场	市政府	30 000	2005	综合运动场

资料来源：中超官网

缺少主场场地，租赁场地费用偏高。租用的临时性阻碍了俱乐部长期、固定的投入和开发，也造成租用场地的质量难以保证。国家为了支持体育场馆建设，出台政策减免了体育场馆经营的营业税，但由于政策传导的滞后效应，俱乐部在租赁场地方面的费用并没有因此减少。建议足协、没有主场的俱乐部与地方政府协商，使政府利用场地以干股形式入股俱乐部。

因意识到仅靠租借场地组织运营比赛提供的服务体系不够完整，往往难以保障比赛组织运营的良好效果，也为了给球迷提供更优质的服务，英超俱乐部均有属于自己的专业足球场地。与英超俱乐部主场建设情况进行比较，我国俱乐部场地的专业性是远远不够的。此外，英国政府也给予俱乐部场地建设一定的政策支持，如设立的"足球信托基金"，每年从博彩业收入中支出一定比例的收入，用于改善英国职业足球俱乐部的球场安全状况；英国政府与俱乐部共同出资；英国政府将博彩公司营业税下调，但要求其下调部分税款注入足球信托基金，用于修缮各级别的比赛场馆。虽然我国在场馆建设和场地安全方面也有一定的支持政策，但执行效果不佳。在访谈中，此问题也被多家俱乐部提及。

综上所述，在俱乐部股权结构方面，我国职业足球俱乐部股东数量少，根据 2016 年统计，中超俱乐部股东集中在 1—2 家，约占总比例的约 81%，中甲俱乐部集中在 1—3 家，约占 94%；控股股东股权比例大，股东控股超过 70% 的俱乐部占到 68.8%；老牌俱乐部呈现出股权集中的趋势，这种股权结构使得企业化冠名成为可能；控股股东多为企业性质，由其控股的俱乐部会表现出很强的企业化名称倾向；俱乐部老板的跨界投资与经营，往往会通过更改俱乐部名称达到为本企业做广告的目的，最终平衡资本投入。2014—2016 年共发生 13 起俱乐部易名事件，大部分俱乐部易名前后都采用了主投资商的名称，易名后的俱乐部在企业化名称方面特征更加明显；单一企业的投资结构，造成俱乐部发展不稳定，由此必须进行俱乐部股权改革。从德国、西班牙、意大利、英国、日本职业足球俱乐部的多元化投资经验看，在进行职业俱乐部股权改革时，要避免单一集团掌控俱乐部，如互为关联的母公司和子公司共同投资入股，要避免单一领域投资，如投资方过于集中在房地产领域；在投资的主体上，可以由政府、地域内的大中型企业、小型企业、商户、基金会和个人进行多元化投资，形成一个金字塔结构，使俱乐部的资本金稳固；在投资方式上，政府以投资或场馆等资源入股，企业或个人以购买俱乐部股份的方式入股，单股价格高的股票，可以将股票拆分为更小份额，向会员和球迷销售。只有多元化投资，职业足球俱乐部实现地域化和名称非企业化，才能与地区经济和发展紧密结合。对投资人进行分化，摆脱外部企业对俱乐部的控制，形成合理的股权结构，增强俱乐部品牌的延续性，给俱乐部带来打造强势品牌的压力与动力。

在俱乐部后备人才培养方面，目前我国各职业足球俱乐部都有球员梯队，但存在梯队年龄断档、投入经费不足等问题。职业足球俱乐部的地域化和名称非企业化需要以体教结合的方式加大对当地人才的培养力度。

在场地设施方面,目前绝大部分职业足球俱乐部是租用当地政府的体育场,租用的临时性阻碍了俱乐部长期、固定的投入和开发,也造成租用场地质量难以保证。职业足球俱乐部的地域化和名称非企业化需要足协、没有主场的俱乐部与地方政府协商,使政府利用场地以干股形式入股俱乐部。

由此可见,股权改革、人才培养与场地设施是俱乐部地域化与名称非企业化亟待解决的技术环节。

本 章 小 结

从政治环境看,实现职业足球俱乐部地域化和名称非企业化要求去行政化的管理体制,中国足协与国家体育总局脱钩后,政府及其下属相关行政部门应该仅对职业足球的发展进行业务上的指导,需要给予必要的配套制度与政策,以使地方足协有效运行;在管理体制上,需要建立有效的俱乐部管理体制,使不同级别、不同类别的足球联赛紧密结合,保障足球发展具有自下而上的基础;在俱乐部管理上,需要明确俱乐部作为独立公司法人的法律地位,自主经营、自负盈亏、自我发展;在联赛运营上,需要建立协会管理下的公司制"中国职业足球联盟",聘任经理人对联赛的商业推广进行市场化运作和管理;在商业开发权益上,需要明确协会与俱乐部各自的权力范畴,给予俱乐部必要的市场开发和经营空间;在政策措施上,对职业联赛和俱乐部按准公益属性认定,在税收、安保、场地等各个方面给予政策和资金上的倾斜。

从经济环境看,我国职业足球俱乐部所在地区 GDP、人均 GDP、产业结构、居民收入水平、消费能力和体育消费趋势,以及中超近几个赛季上座率情况表明,我国职业足球俱乐部所在城市经济发展状况为俱乐部的发展提供了良好的条件,已经具备发展职业足球的条件。但我国职业足球产业规模较小，职业足球俱乐部市场开发空间有限，不能实现更大规模的投融资，对当地经济影响不大，尚未融入当地经济发展，制约了俱乐部地域化和名称非企业化的发展。

从社会文化环境看，我们对球队历史传统、居民对足球关注度、居民参与足球情况、校园足球发展、俱乐部对球迷群体的培育等的调研情况表明，我国足球职业化已具备一定的社会文化基础。但我国足球俱乐部性质为在工商部门注册的公司，名称整体为"地名+投资商名称"的形式，职业化伊始便采用的企业化名称形式一直延续至今，没有深深植入城市发展的足球社会文化建设，没有跟人们的生活紧密联系，尚未形成当地学校、媒体、社区、居民等积极参与，足球场所配套支撑的地域性发展。职业足球俱乐部承担的社会责任不够，本地域球迷支持度整体偏低，职业足球俱乐部的地域化和名称非企业化需要的俱乐部与校园足球、社区足球，与所在地区教育和社区的结合还没有有效建立。

从技术环境看，在俱乐部股权结构方面，我国职业足球俱乐部股东数量少、控股股东股权比例大、老牌俱乐部呈现出股权集中趋势、控股股东多为企业性质、俱乐部老板的跨界投资与经营，使得俱乐部表现出很强的企业化名称倾向，易名后的俱乐部在企业化名称方面特征更加明显。这种单一的投资结构造成俱乐部发展不稳定，由此必须进行俱乐部股权改革。对投资人要避免单一集团掌控，避免单一领域投资；对投资主体多元化至政府、企业、商户、基金会和个人；在投资方式上，政府以投资或场馆等资源入股，企业或个人以购买俱乐部股份的方式入股。只有多元化投资，实现职业足球俱乐部的地域化和名称非企业化，才能与地区经济和发展紧密结合。还要对投资人进行分化，摆脱外部企业对俱乐部的控制，形成合理的股权结构，增强俱乐部品牌的延续性，给俱乐部带来打造强势品牌的压力与动力。在俱乐部后备人才培养方面，目前我国各职业足球俱乐部都有球员梯队，但存在梯队年龄断档、投入经费不足等问题。职业足球俱乐部的地域化和名称非企业化需要以体教结合的方式加大对当地人才的培养力度。在场地设施方面，目前绝大部分职业足球俱乐部是租用当地政府的体育场,租用的临时性阻碍了俱乐部长期、固定的投入和开发,也造成租用场地质量难以保证。职业足球俱乐部的地域化和名称非企业化需要足协、没有主场的俱乐部与地方政府协商,使政府利用场地以干股形式入股俱乐部。

第五章
我国足球实现俱乐部地域化及逐步
实现名称非企业化政策体系的完善

第一节 对俱乐部地域化
和名称非企业化的认识

地域通常是指一定的地域空间,是自然要素与人文因素作用形成的综合体,一般有区域性、人文性和系统性三个特征。因此,职业足球俱乐部地域化应是把区域性、人文性、系统性都考虑进去。

首先,俱乐部的地域化应考虑俱乐部的区域性问题。区域性问题可以划分为广义的区域与狭义的区域两个方面,即俱乐部的布局与具体的位置。而职业足球俱乐部的数量是有限的,顶级俱乐部与次级俱乐部各16支。俱乐部合理布局,各自分布在一定的区域内,不仅能够促进项目的发展,而且可以避免局部区域内的激烈竞争。俱乐部的具体位置,决定着足球俱乐部主要资源的获得与服务产品的供给数量与质量,对于俱乐部的成长与发展起着至关重要的作用。

其次,俱乐部的地域化应考虑俱乐部地域的人文因素。人文指人类社会的各种文化现象,地域的人文因素是地域人群共同具有的符号、价值观及规范。在对足球俱乐部的人文因素进行的研究中,有学者认为,职业足球俱乐部利用地域优势,实现人力资源本土化、品牌文化本土化、俱乐部联赛产品本土化、俱乐部营销管理本土化、俱乐部技战术风格本土化和俱乐部服务本土化,从而摆脱跨地域转让带来的忽视品牌传承、伤害地域体育情感、社会资源累积效应停滞等不利局面,将是地域化建设的要点。[1]

最后,俱乐部的地域化应考虑俱乐部所在区域内的系统。如果把职业足球俱乐部当作企业看待,这里的系统是指直接作用于俱乐部的外部

---

[1] 马淑琼. 基于球迷认同的我国职业足球俱乐部本土化建设研究. 上海体育学院硕士学位论文, 2014.

宏观环境，通常包括政治、经济、社会、文化、技术等因素。

2014—2016 年，我国职业足球发展中共出现过 55 个俱乐部名称，其中中超 23 个，中甲 32 个，俱乐部名称全部以地域为首，可以说在名称上体现了地域化，但要实现俱乐部地域化，在区域性、人文性和系统性三个方面还有大量工作要做。

俱乐部名称非企业化即俱乐部的名称采用中性命名方式，不再采用企业名称作为俱乐部名称。中国男足主教练马尔切洛·里皮就曾在其自述中这样说："中国的职业联赛俱乐部，可以允许商业品牌进入到俱乐部名称当中，这在其他国家是看不到的。以前贵州俱乐部就以这个城市为主场，后来听说是俱乐部老板觉得贵州当地政府给的条件更好，才搬离了主场。这是一件匪夷所思的事情，就像哪天国际米兰突然搬离了米兰，去到另外一个城市，这简直难以想象。"[①]

目前我国职业足球俱乐部的名称在地域之后基本上以主要投资商形式呈现，非企业化名称的只有少数几家，"企业一年几百万几千万的大手笔投入就是为了球队冠名，打响企业名声，这样的情况下让企业放弃队名冠名权，起个地域化，有文化的球队名，企业是万万不能答应的"[②]，原青岛中能文化体育创意产业集团副总裁谭旭如是说。可见，实现足球俱乐部名称非企业化需要一个过程，过程的长短取决于《中国足球改革发展总体方案》中"促进俱乐部健康稳定发展"和"优化俱乐部股权结构"要求的落实进程。

由此，有效的政策支持才能保障我国职业足球俱乐部实现地域化和逐步实现名称非企业化。根据本书前文的分析结果，笔者对我国职业足球发展所需政策体系的完善进行如下思考。

---

① 马尔切洛·里皮. 思维的竞赛：里皮自述. 李蕊等译. 南京：译林出版社，2014.
② 足球俱乐部名称将"非企业化"优化股权结构. http://m.qdxin.cn/detail/21487.html[2015-03-21].

第二节　对现有法规、政策的补充和修改建议

一、《中国足球协会超级联赛委员会章程》

对于即将成立的"中国职业足球联盟",要对联盟性质做出界定。如英超联赛公司就明确其性质是各俱乐部联合成立的公司,不属于英足总。

二、《中国足球协会职业俱乐部准入规程》

(一)增加对本地域球员比例方面的相关规定

职业足球俱乐部拥有一定数量的本地域球员是俱乐部地域化的重要特征,一定数量的本地域球员是激励和支持本地域足球运动发展的重要条件。目前准入制度缺少对本地域球员数量方面的规定。在现行《中国足球协会职业联赛俱乐部准入条件和审查办法》第二章第五条中,缺少相应的对本地域球员比例的规定,可考虑增加一线队与不同年龄梯队中本地域球员数量比例的相关规定。参考英国、德国、西班牙、意大利等国家的规定,本地域球员比例以35%—50%为佳。

(二)增加职业足球俱乐部拥有本地域场地方面的相关规定

职业足球俱乐部在当地拥有固定的比赛(训练)场地是实现我国足球俱乐部地域化的必要条件,因此,应该增加对职业足球俱乐部拥有本地域场地方面的相关规定。

首先,增加对俱乐部固定场地的要求。中超俱乐部在准入规定中要

求"俱乐部应拥有具备全部所有权或控股权或不少于十年使用权的训练基地"，但并没有对场地固定做出规定。

其次，应考虑适当延长本地域比赛场地与训练场地使用年限。《中国足球协会职业联赛俱乐部准入实施细则》中指出，对于比赛场地"提供与体育场所有者签订的3年以上的体育场使用合同"；对于训练场地"准入申请者必须拥有具备全部产权或控股权或不少于十年使用权的训练基地和设施"。这其中对场地的地理位置缺少要求，应直接指出为俱乐部所在地。而且，比赛场地3年的使用合同，对于营造主场地域文化显得偏短。

最后，延长场馆使用年限还可以间接地促进俱乐部股权改造。目前我国职业足球俱乐部仅有河南建业拥有自己的完全产权的比赛场地，其他俱乐部都是依靠租借场地的形式进行比赛。延长准入制度中的场地使用年限，可以促进俱乐部与本地域政府加深合作，以最终按《中国足球改革发展总体方案》中指出的那样，通过"鼓励俱乐部所在地政府以足球场馆等资源投资入股，形成合理的投资来源结构"。

（三）增加对职业足球俱乐部社会责任的要求

"积极承担社会责任"是《中国足球改革发展总体方案》对俱乐部的要求之一，同时也是足球发达国家对俱乐部的要求之一。但在中国足协相关文件中，缺失这项内容的要求。《中国足球协会纪律准则》（2016年版）第八十条指出"俱乐部（球队）违反有关规定，不参加或不按要求参加中国足球协会组织的公益比赛、公益活动或其他活动的，给予下列处罚……"，但在第十一节中，并未对俱乐部参加公益活动、承担社会责任等做出相应的规定与要求。

在《中国足球协会职业俱乐部工作合同基本要求》第九条中，也未对运动员参加公益活动、承担社会责任等做出相关要求。

三、《中国足球协会球员身份与转会管理规定》

（一）对本地域球员比例过低的俱乐部转会加以限制

依据《中国足球协会球员身份与转会管理规定》第三十五条，目前只对外籍球员转会的数量进行了规定，且只要求"按照各级职业联赛规程中的相关规定执行"。可考虑制定出外籍与外地域球员转会比例，并在转会制度中对超比例外地域球员转会成本提出要求。

（二）对青少年转会条件的限制

在青少年转会方面，转会制度中有明确 16 岁以下的队员转会需满足特定的条件，但同样缺乏对外地域球员转会数量方面的限制。应参照一线队外地域球员最高比例，相应明确青少年梯队中外地域球员比例，以促进俱乐部立足本地域青少年进行足球人才培养。

四、《中国足球协会关于中超俱乐部产权转让的规定》

（一）修改股东资格内容

目前，《中国足球协会关于中超俱乐部产权转让的规定》中，对于股东资格的法律细节仍需要再商榷。如要求受让方必须是"在国家各级工商管理部门登记的企业法人"，实则限制了政府、个人等的多元投融资。在现有的对转让方应具备的条件的规定，即"转让方在三年内所转让的股权份额累计不得高于其所持股权的 50%"中，有下列问题需要斟酌：如果发生俱乐部资不抵债、巨额亏损、无力经营甚至破产的情况，或者在与其他俱乐部之间没有任何关联或关系的前提下，投资人在自己实际控制的下属企业之间转让股权，或者更换投资人的情况，是否应受此条款的限制。

（二）对投融资渠道进行补充

投融资渠道（政府、企业、基金会和个人等）以及多样化的融资形式（内部划转、股权融资和债务融资等），缺少专门性法规或部门规章的规制，投资主体和融资形式得不到相应法律法规的规范和界定。

（三）增加对中甲俱乐部产权转让的规定

目前俱乐部产权转让的相关规定只是针对中超俱乐部，缺少针对中甲俱乐部的相关规定。中甲俱乐部起着承上启下的作用，每年都会有中甲俱乐部升至中超与降至乙级，所以也需要保持中甲俱乐部的稳定性。从 2014—2016 年股权变更与易名情况来看，中甲俱乐部共有 8 起，超过了中超变更数量。因此，也应该制定相应规定，以制约此类情况的大量发生，从而保持俱乐部的稳定性。

五、联赛外援管理制度

2016 年中国足球协会甲级联赛规程要求，"11 名首发上场及 7 名替补运动员中可包括 3 名在中国足协注册的外籍运动员，比赛中可同时上场外籍运动员最多 3 名；中国香港、中国澳门及中国台湾地区运动员参照《中国足球协会球员身份与转会管理规定》执行"。既然有外籍运动员首发上场数量规定，也应该参照制定出本地域球员上场比赛的数量比例。

第三节　需要增加的法规和政策建议

一、足球产业政策

（一）金融、税收、财政上放宽对资本的要求

通过在金融、税收、财政等多个方面为职业足球俱乐部及其投资公

司提供相对宽松的政策，允许国外资本对接，提高职业足球俱乐部自负盈亏的经营能力。

（二）明确俱乐部性质，在税收、安保、场地上给予政策和资金上的倾斜

目前我国把职业足球俱乐部完全视为企业，如足改方案中"完善俱乐部法人治理结构，加快现代企业制度建设"等。在《中国足球协会职业联赛俱乐部准入实施细则》中也将职业足球俱乐部定位为须是尊重并遵守《中国足球协会章程》，积极参与社会公共、公益事业，承担中国足球运动的普及与推广责任，获得中国足球协会批准参加中国足协职业联赛，具有独立法人资格的公司"。

但职业足球俱乐部不仅仅是单纯的企业，还肩负着培养青少年、服务社区、提高足球竞技水平、向国家队输送人才等社会责任。《中国足球协会章程》在对足协会员的职责中提出普及发展社会足球、不断扩大足球人口规模等责任，同时要求各省（自治区、直辖市）足球协会、联赛组织、俱乐部、其他组织在该协会章程规定的权利、义务和工作范围内开展工作。从这个文件中可以推论出俱乐部具有的非企业功能。

因此，足球俱乐部除了创造利润之外，一个重要功能是满足人们的精神、文化生活需要，提供社区服务。职业足球俱乐部具有企业与非营利组织的双重属性，这需要在相关文件中明确指出。还需对俱乐部准公益性给予认定，在税收、安保、场地等方面给予政策和资金上的倾斜。

二、赛场环境相关法律法规

职业联赛开始以来，赛场骚乱现象时有发生，足协面对此种情况，更多是对俱乐部进行处罚。英国政府为了遏制足球暴力先后颁布了《体育比赛法案》和《公共秩序法案》，限制人们在观看体育比赛时的饮酒行为，并禁止有过不良行为记录的球迷在特定时间到足球场观看比赛，

继而颁布了《足球观众法案》《足球犯罪法案》《足球（骚乱）法》等。这些法律对规范赛场行为、培育赛场文化起到了很大的作用。目前，我国并没有专门针对足球观赛的法律法规。

三、中国足球改革配套政策

目前，我国足球改革已经取得了阶段性成果。但由于我国区域发展不平衡，地方足协改革存在很大差异性，如足球文化、场地设施、重视程度、人员性质的差异，改革具有较大的难度和复杂性，为使地方足协依然有效运行，需要明确改革后地方足协的职责范围、经费来源等问题，并给予必要的配套政策支持。

第四节　加大现有政策的执行力度

一、俱乐部产权转让

《中国足球协会关于中超俱乐部产权转让的规定》的执行效果并不理想。第四章第六条（五）中规定"保证三年内不进行产权转让"，但天津松江足球俱乐部2013年7月19日将股权由天津松江体育文化产业有限公司转至天津滨海发展投资控股有限公司，2015年7月7日又将股权转至权健自然医学科技发展有限公司名下。在违反了规定的情况下，俱乐部产权转让依然得到足协相关部门的批准。

二、俱乐部产权改变与易名

《中国足球协会关于中超俱乐部产权转让的规定》第五章中明确指

出，无论中性名称还是非中性名称的俱乐部，在转让股权后俱乐部名称只能中性化。然而现实情况中，2013 年上海东亚更名为上海上港，2014 年广州恒大更名为广州恒大淘宝，2015 年延边长白山更名为延边富德，江苏舜天更名为江苏苏宁等，均未遵照上述规定。

三、俱乐部地域变化与易名

《中国足球协会关于中超俱乐部产权转让的规定》第五章第十五条（三）中规定，"转让后俱乐部进行工商登记的地域发生根本变化，其名称遵从上述规定，只能对其名称前的属地进行变更。2015 年底，当时将要升至中超的"河北中基"在省内搬迁易名为"河北华夏幸福"，算是打了一个"擦边球"。

本 章 小 结

2014—2016 年，我国职业足球发展中共出现过 55 个俱乐部名称，其中中超 23 个，中甲 32 个，俱乐部名称全部都以地域为首，可以说在名称上体现了地域化，但要实现俱乐部地域化还需要统筹俱乐部的区域布局，避免局部区域内的激烈竞争；立足区域的人文因素，实现人力资源、品牌文化、联赛产品、营销管理、技战术风格和俱乐部服务的本土化；考虑直接作用于俱乐部的区域内政治、经济、社会、文化、技术等因素。

目前我国职业足球俱乐部的名称在地域之后基本上以主要投资商形式呈现，非企业化名称的只有少数几家，实现名称非企业化需要一个过程，过程的长短取决于《中国足球改革发展总体方案》中"促进俱乐部健康稳定发展"和"优化俱乐部股权结构"要求的落实进程。

　　实现俱乐部地域化和逐步实现名称非企业化所需政策体系的完善分为对现有法规、政策的补充和修改，增加需要的法规和政策，以及加大现有政策执行力度三大部分。第一部分为进一步完善《中国足球协会超级联赛委员会章程》《中国足球协会职业俱乐部准入规程》《中国足球协会运动员身份及转会规定》《中国足球协会关于中超俱乐部产权转让的规定》等政策；第二部分为制定职业足球产业政策和赛场环境相关法律法规，以及中国足球改革配套政策等；第三部分为必须加大俱乐部产权转让方面规定、俱乐部产权改变与易名方面规定、俱乐部地域变化与易名方面规定等现有政策的执行力度。

参考文献

陈冲. 2008. 我国男子 U-17 足球后备人才地域流动的特征分析. 体育成人教育学刊, 24（2）：39-41.

陈艳姣. 2012. 从地域视角窥探21世纪以来我国竞技体操的发展特征. 湖南师范大学硕士学位论文.

陈振勇. 2016. 人类学视野中的地域武术文化研究. 成都体育学院学报, 4（2）：51-56.

丛孟秀. 2016. 中国地域武术文化研究综述. 武术研究, 1（5）：40-42.

顾晨光, 何志林, 马志和. 2005. 国有企业与职业足球俱乐部成长. 中国体育科技, 41（1）：54-56.

洪桔, 陈震, 李恒, 等. 2006. 智能体育场案例分析：英国曼彻斯特新体育场. 智能建筑, 5：62-65.

荆光辉, 陈艳姣, 刘沙鑫. 2013. 地域视角下我国竞技体操的发展特征. 北京体育大学学报, 36（3）：141-144.

李振, 傅茂柱. 2016. 世界排球运动风格流派的形成与发展——基于地域文化视阈. 运动, 4（136）：18-19.

梁斌, 陈洪, 李恩荆. 2014. 集体认同传承与商业利润最大化矛盾下的英国足球球迷研究. 成都体育学院学报, 3：17-23.

梁益军. 2010. 我国职业足球俱乐部股份制改革存在问题分析. 体育与科学, 31（1）：14.

聂永利. 2012. 英格兰职业足球俱乐部称谓意识的现代启示. 少林与太极, （6）：18-21.

邱林锋. 2008. 我国职业足球俱乐部品牌经营现状及对策研究. 武汉体育学院硕士

学位论文.

宋庆龙，王志强. 2015. 耗散结构理论视角下 CBA 联赛系统组分地域分布研究. 曲阜师范大学学报，41（2）：116-122.

苏贵斌，徐飞，于莉萍. 2008. 我国职业足球俱乐部品牌危机的社会心理学解析. 首都体育学院学报，20（1）：13-15.

陶国栋，蔡理. 2012. CBA 俱乐部冠名研究. 体育文化导刊，（6）：69-72.

王海燕. 2007. 我国排球二线后备人才地域分布特征. 科技信息：学术研究，（32）：244-245.

王淮河. 1996. 谨防"两极分化"——关于我国足球地域发展的思考. 足球世界，（17）.

王杰. 2009. 我国职业足球俱乐部易名现象探究. 喀什师范学院学报，30（3）：71-74.

王景波. 2006. 论我国职业足球俱乐部品牌创建. 中国体育科技，（6）：22-26.

王芒，张胜利. 2016. 中国地域武术文化内容的理论解析与体系构建. 沈阳体育学院学报，35（2）：140-144.

吴学勇，刘明海. 2005. 论我国足球俱乐部名称更迭的成因. 体育与科学，6（26）：51-53.

阎宝莹，张文健，宋立业. 2009. 我国职业足球俱乐部名称变化频率及后果分析. 吉林体育学院学报，25（3）：14-15.

殷大智. 2015. 浅析我国职业俱乐部本土化建设与市场绩效相关性. 才智，（10）：39.

张婧. 2016. 论足球审美文化的地域和民族性审美差异. 青年文学家，（11）：189.

张立新. 2007. 对我国足球俱乐部频繁变动的探讨. 河北体育学院学报，21（3）：37-39.

赵来安，张鲲，王琴梅. 2015. 英国足球产业成功要素及其影响研究——关于比赛场地、球迷（支持者）与区域社区. 山东体育学院学报，（6）：38-41.

钟秉枢，黄竹杭，徐刚，等. 2011. 足球是圆的还是方的——中国足球发展与改革行业报告. 北京：北京体育大学出版社.

朱杰民，张桂芳. 2006. 对我国职业篮球俱乐部名称更迭的研究. 商丘职业技术学院学报，5（26）：114-117.

附　录

附录1　中国足球改革发展总体方案

（国办发〔2015〕11号）

党的十八大以来,以习近平同志为总书记的党中央把振兴足球作为发展体育运动、建设体育强国的重要任务摆上日程。习近平总书记多次指示要下决心把我国足球事业搞上去,李克强总理高度重视足球等体育事业和体育产业工作,国务院多次专题研究部署,我国足球改革发展迎来了前所未有的大好机遇。

足球运动具有广泛的社会影响,深受广大群众喜爱。发展和振兴足球,对提高国民身体素质、丰富文化生活、弘扬爱国主义集体主义精神、培育体育文化、发展体育产业、实现体育强国梦具有重要意义,对经济、社会、文化建设也具有积极促进作用。我国足球曾在亚洲取得良好成绩,从20世纪90年代初期开始探索发展职业足球,改革一度带来活力,但由于对足球的价值和规律认识不足,急功近利的思想行为严重,组织管理体制落后,人才匮乏,监管缺失,导致足球发展的社会基础薄弱,行业风气和竞赛秩序混乱,运动成绩持续下滑。

2009年以来,通过以打击假赌黑为重点的治理整顿、发展校园足球等举措,足球事业趋势向好,迎来一个新的高潮。但相对于迅速发展的世界和亚洲足球,我国足球仍全方位落后。振兴足球是建设体育强国的必然要求,也是人民群众的热切期盼。坚定不移地推进改革、振兴足球,并以此为突破口深化体育管理体制改革,是体育战线贯彻落实党的十八大和十八届二中、三中、四中全会精神,顺应人民群众新期待,提升中国体育大国形象,实现体育强国梦的实际行动。为贯彻落实党中央、国务院决策部署,特制定本方案。

一、总体要求

（一）指导思想。以邓小平理论、"三个代表"重要思想、科学发展观为指导，全面贯彻落实党的十八大和十八届二中、三中、四中全会精神，深入学习贯彻习近平总书记系列重要讲话精神，把足球改革发展作为建设体育强国的重要举措，坚持问题导向，改革创新体制，遵循足球发展规律，弘扬中华体育精神，加强思想作风和队伍建设，努力建立专业高效、系统完备、民主开放、运转灵活、法制健全、保障有力的体制机制，推动我国足球事业不断迈上新台阶。

（二）基本原则。

——立足国情与借鉴国际经验相结合。从我国足球实际出发，学习借鉴足球发达国家经验，走出一条中国特色足球改革发展新路，全面实现足球的社会价值和功能。

——着眼长远与夯实基础相结合。加强顶层设计，注重战略实施；夯实足球发展的人口基础、设施基础、管理基础、文化基础，持续用力，久久为功。

——创新重建与问题治理相结合。解放思想，转变观念，优化要素组合，创新发展平台；尊重规律，处理好当前与长远、重点与一般、规模与效益等关系，加强科学治理，破解发展难题。

——举国体制与市场机制相结合。发挥社会主义制度优势，整合资源，形成合力；充分发挥市场机制作用，激发活力，创造公平诚信环境，鼓励保护平等竞争。

——发展足球运动与推动全民健身相结合。实现普及与提高、群众足球与竞技足球互相促进，推动足球运动协调发展、全面进步，推动全民健身，增强人民体质。

（三）主要目标。把发展足球运动纳入经济社会发展规划，实行"三步走"战略。

——近期目标：改善足球发展的环境和氛围，理顺足球管理体制，制定足球中长期发展规划，创新中国特色足球管理模式，形成足球事业与足球产业协调发展的格局。

——中期目标：青少年足球人口大幅增加，职业联赛组织和竞赛水平达到亚洲一流，国家男足跻身亚洲前列，女足重返世界一流强队行列。

——远期目标：中国足球实现全面发展，足球成为群众普遍参与的体育运动，全社会形成健康的足球文化；职业联赛组织和竞赛水平进入世界先进行列；积极申办国际足联男足世界杯；国家男足国际竞争力显著提升，进入世界强队行列。

二、调整改革中国足球协会

（四）明确定位和职能。中国足球协会作为具有公益性和广泛代表性、专业性、权威性的全国足球运动领域的社团法人，是代表我国参加国际足球组织的唯一合法机构，主要负责团结联系全国足球力量，推广足球运动，培养足球人才，制定行业标准，发展完善职业联赛体系，建设管理国家足球队。

（五）调整组建中国足球协会。按照政社分开、权责明确、依法自治的原则调整组建中国足球协会，改变中国足球协会与体育总局足球运动管理中心两块牌子、一套人马的组织构架。中国足球协会与体育总局脱钩，在内部机构设置、工作计划制定、财务和薪酬管理、人事管理、国际专业交流等方面拥有自主权。

（六）优化领导机构。中国足球协会不设行政级别，其领导机构的组成应当体现广泛代表性和专业性，由国务院体育行政部门代表、地方及行业足球协会代表、职业联赛组织代表、知名足球专业人士、社会人士和专家代表等组成。

（七）健全内部管理机制。完善中国足球协会内部治理结构、权力运行程序和工作规则，建立决策权、执行权、监督权既相互制约又相互协调的机制。加强自身建设，广纳贤才，吸收足球、体育管理、经济、法律、国际专业交流等领域优秀人才充实工作队伍，提高人员素质；加强行业自律，着力解决足球领域存在的问题；增强服务意识，克服行政化倾向。中国足球协会按照社团法人机制运行，实行财务公开，接受审计和监督。

（八）健全协会管理体系。中国足球协会会员应当体现地域覆盖性和行业广泛性。地方、行业足球协会参照中国足球协会管理体制调整组建，按照中国足球协会章程以会员名义加入中国足球协会，接受中国足球协会行业指导和管理。地方、行业足球协会担负本地区、本行业的会员组织建设、竞赛、培训、各类足球活动开展、宣传等职责。经过努力，逐步形成覆盖全国、组织完备、管理高效、协作有力、适应现代足球管理运营需要的协会管理体系。

（九）加强党的领导。健全各级足球协会党的组织机构，按照党管干部原则和人才政策，加强协会思想政治工作和干部日常管理。中国足球协会设立党委，由体育总局党组领导。

三、改革完善职业足球俱乐部建设和运营模式

（十）促进俱乐部健康稳定发展。严格准入，规范管理职业足球俱乐部，充分发挥其在职业联赛中的主体地位和重要作用。俱乐部应当注重自身建设，健全规章制度，加强自律管理，遵守行业规则，积极承担社会责任，接受社会监督。鼓励地方政府创造条件，引导一批优秀俱乐部相对稳定在足球基础好、足球发展代表性和示范性强的城市，避免俱乐部随投资者变更而在城市间频繁迁转、缺乏稳定依托的现象，积极培育稳定的球迷群体和城市足球文化。

（十一）优化俱乐部股权结构。实行政府、企业、个人多元投资，鼓励俱乐部所在地政府以足球场馆等资源投资入股，形成合理的投资来源结构，推动实现俱乐部的地域化，鼓励具备条件的俱乐部逐步实现名称的非企业化。完善俱乐部法人治理结构，加快现代企业制度建设，立足长远，系统规划，努力打造百年俱乐部。

（十二）推动俱乐部形成合理的人才结构。制定俱乐部人才引进和薪酬管理规范，探索实行球队和球员薪金总额管理，有效防止球员身价

虚高、无序竞争等问题。研究引进高水平外援名额限制等相关政策及决策机制，处理好外援引进与本土球员培养的关系。加强俱乐部劳动合同管理，严厉查处"阴阳合同"等违法行为，及时纠正欠薪行为。调整俱乐部运动员转会手续费政策，减轻俱乐部负担。

四、改进完善足球竞赛体系和职业联赛体制

（十三）加强竞赛体系设计。完善竞赛结构，扩大竞赛规模，增加竞赛种类，逐步形成赛制稳定、等级分明、衔接有序、遍及城乡的竞赛格局。尤其要注重职业联赛、区域等级赛事、青少年等级赛事、校园足球赛事的有机衔接，实现竞赛结构科学化。逐步建立健全青少年联赛体系。积极倡导和组织行业、社区、企业、部队、中老年、五人制、沙滩足球等赛事。

（十四）调整组建职业联赛理事会。建立具有独立社团法人资格的职业联赛理事会，负责组织和管理职业联赛，合理构建中超、中甲、中乙联赛体系。中国足球协会从基本政策制度、俱乐部准入审查、纪律和仲裁、重大事项决定等方面对理事会进行监管，派代表到理事会任职。理事会派代表到中国足球协会任职，参与有关问题的讨论和决策。

（十五）完善竞赛奖励制度。制定符合足球项目特点、有别于其他体育项目的奖励标准。

（十六）维护竞赛秩序。坚持公平竞赛，树立良好赛风。赛事组织机构和体育行政部门会同公安机关加强管理，各司其职，完善安全保障措施。公安机关负责加强对足球赛事安全秩序的监管，组织开展对比赛现场及周边地区的治安秩序管理维护工作，依法打击违法犯罪活动。引导球迷文明观赛，遵纪守法。

（十七）加强行业管理。完善裁判员公正执法、教练员和运动员遵纪守法的约束机制。严格防范、严厉查处足球行业违规违纪行为，完善纪律处罚、行业救济制度和机制。足球管理部门与公检法等方面加强协作，建立健全违法举报机制和紧密衔接的合作机制，有效防范、及时侦

破、坚决打击假赌黑等违法犯罪行为。

（十八）促进国际赛事交流。推动中国足球积极参加国际足球赛事，增进交流，提高水平。研究并推动申办国际足联男足世界杯相关工作。

五、改革推进校园足球发展

（十九）发挥足球育人功能。深化学校体育改革、培养全面发展人才，把校园足球作为扩大足球人口规模、夯实足球人才根基、提高学生综合素质、促进青少年健康成长的基础性工程，增强家长、社会的认同和支持，让更多青少年学生热爱足球、享受足球，使参与足球运动成为体验、适应社会规则和道德规范的有效途径。

（二十）推进校园足球普及。各地中小学把足球列入体育课教学内容，加大学时比重。以扶持特色带动普及，对基础较好、积极性较高的中小学重点扶持，全国中小学校园足球特色学校在现有 5000 多所基础上，2020 年达到 2 万所，2025 年达到 5 万所，其中开展女子足球的学校占一定比例。完善保险机制，推进政府购买服务，提升校园足球安全保障水平，解除学生、家长和学校的后顾之忧。

（二十一）促进文化学习与足球技能共同发展。加强足球特长生文化课教学管理，完善考试招生政策，激励学生长期积极参加足球学习和训练。允许足球特长生在升学录取时在一定范围内合理流动，获得良好的特长发展环境。

（二十二）促进青少年足球人才规模化成长。推动成立大中小学校园足球队，抓紧完善常态化、纵横贯通的大学、高中、初中、小学四级足球竞赛体系，探索将高校足球竞赛成绩纳入高校体育工作考核评价体系。

（二十三）扩充师资队伍。通过培训现有专、兼职足球教师和招录等多种方式，提高教学教练水平，鼓励引进海外高水平足球教练。到 2020 年，完成对 5 万名校园足球专、兼职足球教师的一轮培训。完善政策措施，加强专业教育，为退役运动员转岗为体育教师创造条件。

六、普及发展社会足球

（二十四）推动足球运动普及。坚持以人为本，推动社会足球加快发展，不断扩大足球人口规模。鼓励机关、事业单位、人民团体、部队和企业组建或联合组建足球队，开展丰富多彩的社会足球活动。注重从经费、场地、时间、竞赛、教练指导等方面支持社会足球发展。工会、共青团、妇联等人民团体发挥各自优势，推进社会足球发展。

（二十五）推动社会足球与职业足球互促共进。通过社会足球人口不断增加、水平不断提高，为职业足球发展奠定扎实的群众基础和人才基础。通过加快发展职业足球，促进社会足球的普及和提高。

七、改进足球专业人才培养发展方式

（二十六）拓展足球运动员成长渠道和空间。加大培养力度，完善选用机制，多渠道造就优秀足球运动员。增强校园足球、社会足球的人才培养意识，拓宽职业足球选人视野，畅通优秀苗子从校园足球、社会足球到职业足球的成长通道。搞好体教结合，加强文化教育、意志锤炼和人格熏陶，促进足球运动员全面发展。鼓励足球俱乐部、企业和其他社会力量选派职业球员、青少年球员到足球发达国家接受培训，并力争跻身国外高水平职业联赛。

（二十七）加强足球专业人才培训。按照分级、分类管理的原则，构建国家、区域、行业、专业机构、社会力量等多级、多元的培训组织结构，加强对足球教练员、裁判员、讲师等专业人才的培训。充分发挥体育院校、体育科研院所在足球理论研究和足球专业人才培训中的作用。加强国际交流，引入一批高水平外籍讲师对我国教练员、裁判员、讲师实施规模化培训。

（二十八）加强足球管理人才培训。壮大各级足球协会、俱乐部等组织的专业力量，提升人员素质和工作水平。造就一支适应现代足球管理需要的专业化、国际化的管理队伍。

（二十九）设立足球专业学院和学校。适应足球人才培养需要，依托具备条件的本科院校设立足球学院,积极探索建立文化教育与足球运动紧密融合的新型足球学校。

(三十)做好足球运动员转岗就业工作。统筹市场机制和政策引导,为足球运动员再就业再发展搭建平台,支持其经过必要培训和考核,担任足球教练员、裁判员、讲师,或到企事业单位和部队成为群众足球活动的骨干,或进入足球协会、足球俱乐部从事足球管理和服务工作。

八、推进国家足球队改革发展

(三十一)精心打造国家队。发挥制度优势,强化组织领导,增强国家荣誉感和社会责任感,弘扬中华体育精神,打造技艺精湛、作风顽强、能打硬仗、为国争光的国家足球队,以优异表现振奋人民群众信心、激发青少年热情、促进全国足球发展。加大改革力度,形成符合球员身心特征和当代足球发展趋势的技术路线,稳步提升国家队水平。

(三十二)完善队员选拔机制。坚持立足当前、着眼接续,坚持技术和作风并重,坚持公开、平等、竞争,优先选拔为国效力愿望强烈、意志品质一流的优秀球员进入国家队。国家队球员从各职业俱乐部征调,通过动态选拔机制,使任何时候组建的国家队都能成为当时参赛状态、技战术能力、协作配合最好的团队。加强国家队后备人才储备,完善青少年足球人才发现与选拔机制,对拔尖青少年球员建立数据库并长期跟踪,动态调整备选队员名单。

(三十三)提高服务保障能力。加强对国家队经费投入、奖励政策、基地建设、后勤服务、情报信息等方面的保障,提高服务水平。新建2个国家足球训练基地,满足国家队不同季节的比赛和训练需要。聘请境内外高水平专业人才,深入开展足球理论、技战术、医疗康复、团队管理等研究,发挥科研对国家队的指导支撑作用。

(三十四)加强教练团队建设。建立严格规范的国家队教练及管理团队遴选、考核评价机制,加强合同管理。实行主教练负责制,对教练员团队和管理服务团队实行任期目标考核,做到责任与权益明确、激励与约束到位。

（三十五）统筹国家队与俱乐部需求。科学制定符合我国国情和职业足球规律的国家队工作规划及管理体系。完善国家队同职业联赛及其他各层级联赛协调制度，综合把握国家队赛事周期和国内赛事安排。俱乐部应当以大局为重，全力支持配合国家队建设。

九、加强足球场地建设管理

（三十六）扩大足球场地数量。研究制定全国足球场地建设规划。把兴建足球场纳入城镇化和新农村建设总体规划，明确刚性要求，由各级政府组织实施。因地制宜建设足球场，充分利用城市和乡村的荒地、闲置地、公园、林带、屋顶、人防工程等，建设一大批简易实用的非标准足球场。创造条件满足校园足球活动的场地要求。

（三十七）对足球场地建设予以政策扶持。对社会资本投入足球场地建设，应当落实土地、税收、金融等方面的优惠政策。

（三十八）提高场地设施运营能力和综合效益。按照管办分离和非营利性原则，通过委托授权、购买服务等方式，招标选择专业的社会组织或企业负责管理运营公共足球场，促进公共足球场低价或免费向社会开放。推动学校足球场在课外时间低价或免费向社会开放，建立学校和社会对场地的共享机制。

十、完善投入机制

（三十九）加大财政投入。各级政府应当加大对足球的投入，根据事权划分主要用于场地建设、校园足球、青少年足球、女子足球、国家队建设、教学科研等方面。体育、教育等部门在安排相关经费时，应当对足球改革发展给予倾斜。

（四十）成立中国足球发展基金会。基金会作为非营利性法人，依法开展募捐、接受捐赠并资助足球公益活动。鼓励各类企事业单位、社会力量和个人捐赠，捐赠资金可依法在计算企业所得税、个人所得税应纳税所得额时扣除。基金会按章程管理运行，依照有关法规加强信息公开，接受社会监督。

（四十一）加大彩票公益金支持足球发展的力度。每年从中央集中彩票公益金中安排一定资金，资助中国足球发展基金会，专项用于支持青少年足球人才培养和足球公益活动。积极研究推进发行以中国足球职业联赛为竞猜对象的足球彩票。

（四十二）加强足球产业开发。加大足球无形资产开发和保护力度，通过打造赛事品牌、开发足球附属产品、培育足球服务市场、探索足球产业与相关产业的融合发展，构建全方位、全过程足球产业链，不断增加足球产业收益，形成多种经济成分共同兴办足球产业的格局。

（四十三）加大中国足球协会市场开发力度。不断增加联赛、杯赛、国家队等的市场开发收益。加快理顺与下属商务公司的关系，按照现代企业制度改造下属公司，使其逐步成为真正的市场主体，同时引入新的竞争主体，建立面向市场、平等竞争的格局。

（四十四）建立足球赛事电视转播权市场竞争机制。创新机制，实现足球赛事电视转播权有序竞争。改革足球赛事转播权收益分配机制，确保赛事主办方和参赛主体成为主要受益者。创新足球赛事转播和推广运营方式，探索传统媒体和新媒体在足球领域融合发展的实现形式，增加新媒体市场收入。

（四十五）鼓励社会力量发展足球。引导有实力的知名企业和个人投资职业足球俱乐部、赞助足球赛事和公益项目，发挥支持足球事业的示范和带动作用，拓宽俱乐部和足球发展资金来源渠道。

十一、加强对足球工作的领导

（四十六）建立足球改革发展部际联席会议制度。为持续推动足球改革发展，确保本方案落实，建立足球改革发展部际联席会议制度。体育总局应当加强对足球改革发展的政策研究和宏观指导。教育部应当履行好校园足球主管责任。各方面应当各司其职、各负其责、各尽其力、协同配合，共同推动足球改革发展。

（四十七）把足球工作纳入重要工作日程。各地把足球改革发展纳入重要议事日程，解放思想，明确目标，狠抓落实，整合资源，统筹力量，大胆探索，形成特色。地方各级体育行政部门负责支持当地足球协会工作，推动本地区足球发展。

（四十八）加强足球行业作风和法治建设。加强足球领域的思想品德教育和职业道德教育，强化运动队伍精神作风和意志品质的锤炼，培养爱国奉献、坚忍不拔、团结拼搏的作风，努力形成激励中国足球发展振兴、有益于社会和谐进步的精神力量。适应足球发展需要和行业特点，完善国家相关法律法规和足球行业规范规则，打牢足球治理的制度基础。形成预防与惩处并重的足球法治教育体系、执法和监督体系，建立公正透明的法治环境。

（四十九）营造良好舆论环境。宣传引导群众客观认识足球现状，建立合理预期，理性看待输赢。创新足球宣传方式，强化涉足球新闻管理和舆论引导工作，最大限度凝聚足球改革发展共识。

（五十）发挥典型带动作用。选择一批足球基础好、发展足球条件好、工作积极性高的地方和城市，加强扶持和指导，总结推广足球改革发展的典型经验，以点带面，推动提高。

附录2　中国足球中长期发展规划（2016—2050年）

（发改社会〔2016〕780号）

改革开放以来，我国经济社会快速发展，人民生活水平显著提高，群众对体育健身需求日益增长。当前，我国正处于全面建成小康社会的关键时期，振兴和发展足球是全国人民的热切期盼，关系到群众身心健康和优秀文化培育，对于建设体育强国、促进经济社会发展、实现中华民族伟大复兴的中国梦具有重要意义。为贯彻落实《国务院关于加快发展体育产业促进体育消费的若干意见》和《中国足球改革发展总体方案》等文件精神，促进中国足球持续健康发展，经国务院同意，制定本规划。规划近期至2020年，中期至2030年，远期展望至2050年。

一、发展基础

——足球运动逐步发展。目前，我国经常参加足球运动的人数达到一定规模，球迷人数过亿。校园足球初步普及，联赛体系逐渐形成，每年比赛超过10万场。社会足球初具氛围，各级足协、企事业单位和社会各界积极开展足球活动，每年举办2万余场业余足球比赛。职业足球稳步发展，职业俱乐部达到52个，已初步建立起中超、中甲、中乙为主体的职业联赛框架。

——足球产业初具规模。经过多年发展，我国足球产业规模逐步扩大，产业链不断拓展，带动作用日趋增强。足球运动的群众关注度不断提高。近十年，中超足球联赛场均观赛规模达到1.5万人次。

——国际交流日益增强。足球国际活动明显增加，成为体育外交的重要组成部分，国际化程度日益提高。国内运动员、教练员和裁判员赴外学习、训练、参赛明显增多，引进外籍教练员和运动员的水平明显提升。国内俱乐部与国际高水平俱乐部形成合作机制。

尽管我国足球发展取得了一些进展，具备了一定的基础，但总体看仍然存在许多问题：发展理念滞后，对足球价值和发展规律认识不足，急功近利的思想较为严重；体制机制落后，政社不分、管办不分、事企不分的问题依然存在；法治水平偏低，行风不正、竞赛秩序较乱，缺乏有效监管；足球基础薄弱，人才短缺、设施不足，难以满足社会日益增长的足球运动需求。

二、总体思路

（一）指导思想。

全面贯彻党的十八大和十八届三中、四中、五中全会精神，深入学习贯彻习近平总书记系列重要讲话精神，推动落实"四个全面"战略布局，树立现代足球运动理念，遵循足球运动发展规律，以服务于人的全面发展为宗旨，以改革创新为动力，以足球普及为导向，持续用力，久久为功，扎扎实实筑牢足球发展的制度基础、人才基础、设施基础、社会基础，不断提升足球运动的规模和质量，不断增强全民族的身体素质和健康水平，走出一条适合中国实际的足球发展路子，努力实现"足球崛起梦、体育强国梦、民族复兴梦"。

（二）战略定位。

——全民健身的重要事业。足球是一项深受广大人民群众喜爱的体育运动。振兴和发展足球，可以提高全民健身参与程度，增强群众身体素质，是提高全民族身心健康水平的重要支撑。

——国民经济的重要产业。足球产业是朝阳产业、绿色产业，在转方式、调结构、促发展中扮演着重要角色。振兴和发展足球，可以扩大消费，拉动体育产业及相关产业发展，形成新的经济增长点。

——体育强国的重要基石。足球是具有广泛影响力的世界性运动。振兴和发展足球，可以促进体育运动全面发展，托起中国体育强国梦，绘就民族伟大复兴的蓝图。

——民族精神的重要载体。足球运动具有重要的育人功能，有利于弘扬社会主义核心价值观。振兴和发展足球，可以构建有中国特色的足球文化，激励人们顽强奋斗精神，促进人的全面发展，提升中华民族的凝聚力和自豪感。

（三）发展原则。

——坚持遵循规律，持续发展。遵循足球发展规律，科学谋划，以人为本，从娃娃抓起，从基层抓起，从基础抓起，有序推进，持之以恒。

——坚持改革引领，创新发展。充分发挥足球对我国体育发展和改革的引领作用，以改革体制机制为突破口，转变足球发展方式，积极探索足球发展的新路径，提升足球运动的活力和水平。

——坚持依法治理，规范发展。把足球发展纳入法治化轨道，全面提升法治观念和法治水平，创造平等参与、公平竞争的发展环境，构建依法、依规、依章的治理体系。

——坚持包容共享，开放发展。充分调动全社会的积极性和创造力，营造重视足球、支持足球、参与足球的良好氛围。提高对内对外开放水平，在合作共赢中谋发展。

三、发展目标

（一）近期目标（2016—2020 年）。

努力实现中国足球保基本、强基层、打基础的发展目标。

保基本：人民群众对足球运动的需求得到基本满足，开展足球活动的场地、时间、经费得到基本保障，全社会关心和支持足球发展的良好氛围基本形成。

强基层：校园足球加快发展，全国特色足球学校达到 2 万所，中小学生经常参加足球运动人数超过 3000 万人。社会足球发展基础不断夯实，基层足球组织蓬勃发展，基层足球活动广泛开展。全社会经常参加足球运动的人数超过 5000 万人。

打基础：中国特色的足球管理体制机制初步建立，政策法规初具框架，行业标准和规范趋于完善，竞赛和培训体系科学合理，足球事业和产业协调发展的格局基本形成。全国足球场地数量超过 7 万块，使每万人拥有 0.5—0.7 块足球场地。

（二）中期目标（2021—2030 年）。

奋力实现中国足球动力更足、活力更强、影响力更大，跻身世界强队的发展目标。

动力更足：管理体制科学顺畅，法律法规完善健全，多元投入持续稳定，足球人口基础坚实。每万人拥有 1 块足球场地。

活力更强：校园足球、社会足球、职业足球体系有效运行，各类市场主体踊跃参与，足球产业规模有较大提高，成为体育产业的重要引擎。

影响力更大：职业联赛组织和竞赛水平达到亚洲一流，国家男足跻身亚洲前列，女足重返世界一流强队行列，体育大国形象得到进一步提升。

（三）远期目标（2031—2050 年）。

全力实现足球一流强国的目标，中国足球实现全面发展，共圆中华儿女的足球梦想，为世界足球运动作出应有贡献。

四、主要任务

（一）构建制度体系。

科学构建中国特色足球管理体制。搭建政府统筹推进、部门分工负责、社会广泛参与的管理框架。政府的主要职责是提供公共服务，营造市场环境，加强监督管理。体育行政部门加强对足球改革发展的政策研究和宏观指导，促进各职能部门协同配合。教育行政部门履行好校园足球主管责任，积极推动校园足球发展。中国足球协会主要负责统一组织、管理和指导全国足球运动发展，推动足球运动普及和提高。

健全完善足球可持续发展机制。激发市场活力，充分调动社会力量参与足球发展的积极性，实现足球运动经济效益和社会效益良性循环。打破利益藩篱，创造公平竞争环境，促进资源优化配置。

专栏 1　"十三五"足球体制改革攻坚工程

深化足球协会管理体制改革，调整改革中国足球协会，完善中国足球协会内部管理机制，健全协会管理体系，逐步建立体制完善、结构合理、职责明确、规章健全、监管完善的协会管理体制，形成协会依法自主管理、科学民主决策的新机制。地方、行业足球协会参照中国足球协会调整组建。建立具有独立社团法人资格的职业联赛管理机构，负责组织和管理职业联赛。完善俱乐部法人治理结构，加快现代企业制度建设，推动俱乐部的地域化和名称的非企业化。

建立规范有效的足球法治体系。完善国家相关法律法规和足球行业

规范规则。推进标准化和规范化建设。健全监督、执法和仲裁机制，加强足球组织、俱乐部、从业人员诚信守则自律，严肃赛风赛纪，依法严厉查处打击足球领域的违法犯罪行为。完善足球赛事和活动安保服务标准，积极推进安保服务规范化、社会化。

（二）培养人才队伍。

大幅增加青少年足球参与规模。加强校园足球建设，把足球列入体育课教学内容，发展足球社团，培养足球兴趣，开展足球竞赛活动，不断培育足球爱好者和足球人才。增强学生、家长对足球的认同感，支持学生课余、校外参加足球活动。以市场化、社会化为导向，构建多渠道、多形式人才发现和培养机制，不断增加足球人才后备力量。

专栏 2　"十三五"校园足球普及行动

深化足球教学改革，形成内容丰富、形式多样、因材施教的青少年校园足球教学体系。制定校园足球教学训练指南，开发校园足球网络课程并免费开放。将校园足球骨干教师纳入中小学幼儿园教师国家级培训计划等培训项目，对 5 万名专兼职足球师资进行培训。建立健全校园足球竞赛体系，实施全国校园足球四级联赛制度。完善考试招生政策，激励学生长期积极参加足球学习和训练。支持建设一批校园足球特色学校和试点县。

显著扩大教练员、裁判员队伍。提高体育教师的足球教学水平，发展足球专业教师队伍，培养学校足球教练员、裁判员。加强职业教练员、裁判员队伍建设，不断完善教练员、裁判员培训体系。构建社区足球指导服务体系，提高社会体育指导员的技能水平，有条件的地区探索设立社区足球指导员专门岗位，鼓励专业教练员、裁判员服务城乡社区和校园。

建立职业运动员良性发展机制。逐步增加注册球员，优化发现和选拔机制，让技术过硬、素养较高的优秀足球运动员脱颖而出。坚持运动技能和文化教育相结合，加大多技能培养培训力度，拓宽退役运动员发展空间，打通向教练员、裁判员、社会体育指导员、企事业单位和足球协会管理人员的转岗就业渠道。

培养复合型产业人才。面向市场需求，通过高等院校、科研院所、中职教育、职业培训和继续教育等多种形式，培养足球行业人才。重点发展经营管理、资本运作、营销推广、研发设计、中介服务、文化创意等专业人才队伍。加强足球产业人才的国际合作与交流。

专栏3　"十三五"专业化人才培养计划

提高高等院校体育类专业招收足球专项学生的比重，鼓励吸引其他专业学生选修足球方向，依托具备条件的本科院校设立足球学院，积极在中等职业学校开设足球专业。鼓励社会力量举办足球培训机构。加快培养足球职业教练员和社区足球指导员，轮训人数逐年增加，2020年达到1万人次。健全足球裁判员培养体系，注册裁判员总量在现有基础上翻一番。

（三）建设场地设施。

科学规划足球场地设施发展。扩大足球场地供给，优化类型结构，提高设施质量，不断满足全社会足球运动发展需求。根据人口规模、自然条件、经济发展水平，逐步配置完善足球场地设施。制定各类足球场地建设指南。创新足球场地设施管理方式，促进场地设施集约高效利用。

加大校园足球运动场地建设力度。每个中小学足球特色学校均建有1块以上足球场地，有条件的高等院校均建有1块以上标准足球场地，其他学校创造条件建设适宜的足球场地。提高学校足球场地利用率，加快形成校园场地与社会场地开放共享机制。

推进社区配建足球运动场地。在城市建设和新农村建设规划中统筹考虑社区足球场地建设。鼓励建设小型化、多样化的足球场地，方便城乡居民就近参与足球运动。

专栏 4 "十三五"足球场地设施重点建设工程

全国修缮、改造和新建 6 万块足球场地，使每万人拥有 0.5—0.7 块足球场地，其中校园足球场地 4 万块，社会足球场地 2 万块。除少数山区外，每个县级行政区域至少建有 2 个社会标准足球场地，有条件的城市新建居住区应建有 1 块 5 人制以上的足球场地，老旧居住区也要创造条件改造建设小型多样的场地设施。

（四）丰富赛事活动。

广泛开展校园足球活动。开展以强身健体和快乐参与为导向的校园足球比赛。以增强学生体质和意志品质、普及足球知识和技能、培养足球兴趣爱好为目的，举办多种形式的校园足球活动。逐步健全高校、高中、初中、小学校园足球四级赛事，科学、合理、适度组织竞赛活动。

优化职业联赛结构。改进职业联赛框架布局，形成中超、中甲、中乙参赛球队数量递增的联赛结构，稳定扩大中甲、中乙联赛队伍规模，提升职业联赛竞赛质量。推进职业联赛管理现代化，不断提升联赛运行管理水平，推动职业俱乐部建立现代治理结构。

支持社会足球赛事活动。鼓励因地制宜、多种形式组建社区足球队、社区足球协会和区域性非职业足球联盟，注重家庭参与，丰富社会足球比赛形式。注重区域等级赛事、青少年赛事、校园足球赛事的有机衔接，逐步实现竞赛结构的科学化。支持党政机关、企事业单位、人民团体、基层部队开展常态化的内部竞赛活动。加强对社会足球的宣传推广。

专栏 5 "十三五"职业联赛提升计划

基本建立体系完整、布局合理的职业足球联赛架构，科学设定参赛队伍数量，形成中超、中甲、中乙联赛合理的规模结构。严格准入、规范管理职业足球俱乐部，加强行业自律。加强职业俱乐部梯队建设，扩大职业联赛影响力。提升中超联赛品牌价值，使场均观赛人次达到世界前列。

专栏6　"十三五"社会足球培育行动

在全国基础较好的50个城市，建立分级制度的城市业余足球体系。在全国 100 个城市建立草根球队广泛参与的城市业余足球杯赛体系，并形成年度城市赛—大区赛—全国总决赛的业余足球竞赛框架。积极支持、鼓励行业、企业、人民团体、社区等社会各界举办业余足球活动，并将他们的比赛与城市足球联赛、杯赛体系相衔接。逐步构建社会足球发展体系，做好社会足球活动的宣传推广，营造广泛参与的社会氛围。

（五）壮大足球产业。

大力发展足球服务业。积极发展高水平的足球赛事，推动电视转播、媒体广告、网络服务、大众娱乐等相关产业发展。大力开拓足球场馆运营、足球培训、足球中介代理机构等服务市场。加快发展足球金融保险服务业。积极研究推进发行以中国足球职业联赛为竞猜对象的足球彩票。

做大做强足球用品制造业。大力发展足球制品、运动服装、器材设施、纪念品的研发设计、生产制造和销售推广，打造若干龙头企业和国际品牌。

专栏7　"十三五"优秀足球企业培育行动

培养2—3家亚洲一流、世界知名的足球俱乐部，打造中国足球品牌，扩大世界影响力，推动和培育具备条件的足球俱乐部上市。支持企业加大研发设计投入力度，培育形成一批自主创新能力强、产品科技含量高、具备国际知名度的足球用品制造企业。扶持发展一批成长型足球小微企业，支持其进入各类创业平台和孵化基地，提供足球运营、足球培训、足球网络媒体和社区平台等服务。鼓励组建由制造企业、服务供应商、职业俱乐部等组成的足球产业联盟。

促进足球产业与相关产业融合发展。加快足球产业与旅游业、建筑

业、文化创意、餐饮酒店、健康养生等行业的互动发展，催生足球运动新业态。

专栏8　"十三五""足球+互联网"创新行动

推动互联网技术与足球产业深度融合，重点引入移动互联网、电子商务、大数据等新技术和新业态，促进足球产业多点创新。积极利用互联网平台，形成多元参与、有效竞争的赛事转播格局（奥运会、亚运会、世界杯足球赛除外），为广大球迷提供丰富的转播形式和多样选择。支持开发足球类手机应用程序、互联网和手机足球游戏、足球题材动漫和影视作品。

（六）培育足球文化。

传承中华民族的传统文化，树立健康、快乐、进取的足球理念，充分发挥足球在强身健体、立德树人方面的积极作用，让参与足球成为健康生活的重要方式。大力弘扬拼搏进取、团结协作、快乐分享的体育精神。加强诚信体系建设。积极倡导尊重规则、尊重对手、尊重观众的行为规范，不断增强足球运动的集体荣誉感和民族自豪感。注重发挥新媒体作用和足球志愿者奉献、友爱、互助、进步的精神，努力培育文明参赛、文明观赛的良好氛围，使足球运动成为传播正能量的重要载体。

（七）促进足球开放。

实施海外人才引进计划，吸引高水平的足球人才来华工作，完善出入境、居留、医疗、子女教育等相关政策。积极引入境外资本，优化本土俱乐部等足球企业的股权结构，提高运营管理水平和多元化盈利能力。拓展足球对外交流渠道，鼓励各类主体举办形式多样的国际足球交流活动。鼓励足球各类专业人才赴国外学习、培训，支持更多的优秀专业人才赴国际组织工作。

五、配套政策和保障措施

（一）财政和金融政策。

完善公共财政对足球事业发展的投入机制，通过政府购买服务等多种方式加大支持足球运动发展的力度。要加大投入，安排投资支持基础性、公益性足球场地设施建设。鼓励金融机构在风险可控、商业可持续的基础上拓展足球领域金融服务新业务。拓宽足球产业投融资渠道，支持符合条件的足球用品、赛事服务等企业进入资本市场或发行债券。鼓励企业、社会资本单独或合作设立足球发展基金。采取直接投资、贷款贴息、补贴补助、后期奖励等方式，支持足球事业发展。引导保险公司根据足球运动特点开发职业球员伤残保险、校园足球和社会足球人身意外伤害保险、足球场地设施财产保险等多样化的保险产品，鼓励企事业单位、学校、个人购买运动伤害类保险。

（二）规划和土地政策。

将足球场地设施建设纳入城乡规划、土地利用总体规划和年度用地计划，在配建体育设施中予以保障。鼓励新建居住区和社区配套建设足球场地，支持老城区与已建成居住区改造现有设施、增加足球活动空间。可利用有条件的公园绿地、城乡空置场所等设置足球场地。对单独成宗、依法应当有偿使用的新建足球场地设施项目用地，供地计划公布后只有一个意向用地者的，可采取协议方式供应。在其他项目中配套建设足球场地设施的，可将建设要求纳入供地条件。利用以划拨方式取得的存量房产和原有土地兴办足球场地设施，土地用途和使用权人可暂不变更，连续运营 1 年以上、符合《划拨用地目录》的，可以划拨方式办理用地手续；不符合的，可采取协议出让方式办理用地手续。严禁改变足球场地设施用地的土地用途，对于不符合城市规划擅自改变土地用途的，应由政府收回，重新安排使用。

（三）税费和价格政策。

足球场馆自用的房产和土地,可按有关规定享受有关房产税和城镇土地使用税优惠。足球领域的社会组织,经认定取得非营利组织企业所得税免税优惠资格的,依法享受相关优惠政策。足球俱乐部及相关企业发生的符合条件的广告费支出,符合税法规定的可在税前扣除。鼓励企业和社会力量捐赠足球运动服装和器材装备,支持校园足球和社会足球发展,对符合税收法律法规规定条件的捐赠,按照相关规定在计算应纳税所得额时扣除。足球场地设施的水、电、气、热价格按不高于一般工业标准执行。

（四）人才和就业政策。

建立和规范运动员、教练员、裁判员等人才注册制度,理顺球员培养补偿和转会机制,推动与国际通行规则相接轨。加大足球从业人员培训力度,将校园足球教师、社会足球指导员、足球教练员的专业技能培训,按规定纳入教师培训、全民健身、技能人才培养、就业培训等专项范围。鼓励社区、企业等设立相应岗位,吸引退役运动员、教练员从事社会足球指导工作。通过购买服务、特聘教师等方式,聘请退役运动员、教练员参与校园足球发展。通过职业培训和创业培训,支持退役运动员从事足球相关产业工作。

（五）组织实施和监测评估。

各地要积极贯彻落实本规划,建立由政府牵头,相关行政部门、足协等社会团体共同参与的足球发展工作机制,切实加强组织领导和沟通协调。要加快制定本地足球发展规划或实施方案,建立动态跟踪监测和考核评估机制,确保责任落实到位、建设任务顺利推进、规划目标如期实现。发展改革委、国务院足球改革发展部际联席会议办公室（中国足球协会）、体育总局、教育部等负责本规划的监督检查。

附录3　中国足球协会职业联赛俱乐部准入实施细则

2011 年 12 月 6 日

根据中华人民共和国相关法律法规、《亚足联俱乐部准入标准》以及《中国足球协会章程》、《中国足球协会职业联赛俱乐部准入条件和审查办法》等相关文件，制定本实施细则。

第一章　准入及审查的目的

一、维护中国足协举办的职业联赛（中超联赛、中甲联赛）的社会公共信誉和联赛完整性。

二、加强各职业足球俱乐部内部机构的组织建设和管理水平，促进俱乐部持续、良好的发展。

三、进一步完善职业足球俱乐部青少年球员训练和培养体系的建设。

第二章　准入条件及标准

一、准入申请者的定义和性质

（一）准入申请者的定义

1. 准入申请者

（1）准入申请者是指达到参加中国足协职业联赛的比赛成绩要求；达到本细则中的 A、B、C 级标准，申请参加中超、中甲联赛的职业足球俱乐部（以下简称"俱乐部"）。

（2）准入申请者须遵守国内和国际比赛的竞赛规则、规程以及相关准入的规定，并对违反竞赛规则、规程或相关准入规定的行为承担全部责任。

2. 准入申请者须承诺

（1）遵守《中国足球协会章程》及中国足协的相关规定。

（2）向准入批准方提供准入申请者财务信息。

（3）准入申请者保证不存在、不参与任何影响公平、公正比赛的不正当交易，包括双方之间、多方之间，直接与间接的以及显性与隐性的不正当交易。

（4）同一准入申请者投资方不得同时成为两家及两家以上（同一级别联赛）俱乐部的股东。任何自然人或法人不能以任何手段和方法控制一家以上俱乐部（同一级别联赛）或对决策产生重大影响。

（二）准入申请者的性质

1. 参加中超、中甲联赛的足球俱乐部的性质应是职业足球俱乐部。

2. 职业足球俱乐部须是尊重并遵守《中国足球协会章程》，积极参与社会公共、公益事业，承担中国足球运动的普及与推广责任，获得中国足球协会批准参加中国足协职业联赛，具有独立法人资格的公司。

二、职业联赛俱乐部准入标准

准入标准分为以下 3 个级别，不同的级别定义如下：

"A"级标准：A 级是最低准入标准，准入申请者未达到任何 1 个 A 级标准，将不能获得参加中超、中甲联赛的资格。

"B"级标准：B 级是中级准入标准，准入申请者须首先达到 A 级标准，但未达到任何一个 B 级标准，将会受到相应处罚，其仍可获准参加中超或中甲联赛。

"C"级标准：C 级标准是最高准入标准，准入申请者须首先达到 A 级标准，但未达到 C 级标准不会导致任何处罚，也不会被拒绝准入。但某些 C 级标准将在以后成为"A"、"B"级标准。

（一）人事标准

目标：

1. 促进准入申请者进行专业化的管理；

2. 准入申请者根据职业足球的项目特点，逐步健全俱乐部管理体系，并拥有具备专业知识和管理经验的工作团队；

3. 保证球员由具备执教资质的教练员指导训练，并配有必要的医务人员提供支持。

编号	级别	说明
人）01	A	俱乐部行政办公室

准入申请者须拥有独立的办公场所作为行政办公室。

该办公室必须具备基本的使用面积和设施（应包括电话、传真、IT 网络、计算机办公设备和电子邮箱）。

准入申请者必须按业务的需要聘请合适数量的行政人员，确保办公室正常的运作。

编号	级别	说明
人）02	A	总经理及高管人员

准入申请者必须任命 1 位总经理及若干名高级管理人员负责管理日常业务（运营事务）。

总经理及高管人员的任职资格必须符合相关法律法规的规定，参加并通过中国足协组织的培训课程。

总经理及高管人员的任职必须经过准入申请者的合法机构依合法程序做出（如董事会会议、股东会会议等）。

编号	级别	说明
人）03	A	财务主管

准入申请者应任命 1 名财务主管。

财务主管的任职必须经过准入申请者的合法机构通过合法程序做出（如董事会会议、股东会会议等）。

财务主管的任职资格必须符合国家相关规定。

获得准入批准方核准。

编号	级别	说明
人）04	A	安保组织部门—保安

准入申请者须为主场比赛建立 1 个安保组织部门。必须保证在每个主场比赛之前与当地的公安等部门建立联动机制。

与有合法资质的保安公司签订 1 份书面合同，提供安保服务，雇佣符合比赛安全标准的适当数量的保安人员。

编号	级别	说明
人）05	A	安保官

准入申请者须任命 1 名安保官负责安保事务。

安保官的任职必须经过准入申请者的合法机构通过合法程序做出（如董事会会议、股东会会议等）。

安保官应至少具备 1 年安保事务的实践经验并通过中国足协组织的培训课程。

编号	级别	说明
人）06	A	新闻官

准入申请者须任命1名新闻官负责媒体事务。

新闻官应至少具备1年媒体事务的实践经验并通过中国足协组织的培训课程。

新闻官的任职必须经过准入申请者的合法机构通过合法程序做出（如董事会会议、股东会会议等）。

编号	级别	说明
人）07	A	职业队的主教练

准入申请者须聘任1名主教练负责职业队的训练和比赛等事务。

主教练必须：

获得中国足协颁发的职业级教练员证书或经中国足协认可的同级别教练员证书，经正式注册并参加和通过相应年度的培训。

主教练的任职必须经过准入申请者的合法机构通过合法程序做出（如董事会会议、股东会会议等）。

编号	级别	说明
人）08	A	职业队的助理教练

准入申请者须至少聘任1名助理教练在职业队的训练、比赛等方面协助主教练。

助理教练必须：

获得中国足协颁发的A级教练员证书，或中国足协认可的同级别教练员证书，经正式注册并参加和通过相应年度的培训。

助理教练的任职必须经过准入申请者的合法机构通过合法程序做出（如董事会会议、股东会会议等）。

编号	级别	说明
人）09	A	队医

准入申请者须聘任至少1名队医负责职业队的医务工作。

队医必须确保在比赛和训练期间提供医疗服务。在防止使用兴奋剂等问题上提供医疗支持和咨询。

队医必须拥有相应的医师资格并且在中国足协正式注册。

队医的任职必须经过准入申请者的合法机构通过合法程序做出（如董事会会议、股东会会议等）。

编号	级别	说明
人）10	A	理疗师

准入申请者须聘任至少1名理疗师负责为职业队员提供医疗康复支持。

理疗师应拥有国家卫生部门认可的相关资质。

理疗师必须在中国足协正式注册。

续表

编号	级别	说明
人）10	A	理疗师

理疗师任职必须经过准入申请者的合法机构通过合法程序做出（如董事会会议、股东会会议等）。

编号	级别	说明
人）11	B	授予准入的赛季期间的职位更替

如果标准【人）1 至人）10】中的职位因为准入申请者的决定发生空缺或因不可抗力（生病、意外等）产生空缺，则准入申请者必须确保该职位按下列要求更换：

（1）拥有必要资质和满足标准的人员；

（2）替换必须在 3 个工作日内通知相关委员会。

（二）球队建设标准

编号	级别	说明
队）01	A	球队基本结构

准入申请者应当拥有 1 支完全产权的职业球队，并应拥有不同年龄段的青少年后备梯队。

编号	级别	说明
队）02	A	青少年发展计划

准入申请者必须拥有 1 份书面的经准入批准方核准的青少年发展计划。

该计划包括下列内容：

1. 目标和青少年发展理念。

2. 青训中心的组织机构（组织结构图；涉及的机构、与准入申请者之间的关系、青少年梯队等）。

3. 各类人员（青训主管、文化监督员、技术的，医务和行政的人员等）和最低任职资格。

4. 青训中心可用的基础设施（训练和比赛的设备及其它）。

5. 财务资源：青少年培训经费，中超俱乐部不低于 400 万元人民币/年；中甲俱乐部不低于 200 万元人民币/年。

6. 各梯队的足球训练计划（技能、技术、战术和身体）。

7. 关于《足球竞赛规则》的教育计划。

8. 青少年球员的医疗支持（包括医疗检查）。

9. 建立对设定目标进行评估和反馈程序。

10. 方案的有效性（至少 3 年，至多 7 年）。

11. 青少年发展计划必须承诺与支持：

准入申请者必须确保涉及其青少年发展计划的每 1 名青少年球员按照法律规定完成义务教育。准入申请者必须确保青少年发展计划不妨碍所涉及的每 1 名青少年球员继续受教育的权利。

编号	级别	说明
队）03	A	青训梯队

准入申请者必须至少拥有下列青少年梯队：

1. 中超：

精英梯队：

预备队（18 岁以上）、U17 队（每队不少于 25 人）

培训网点梯队：U10—U17

2. 中甲：

精英梯队：

预备队（18 岁以上）、U17 队（每队不少于 25 人）

培训网点梯队：U10—U17

上述除 U10 以外的青少年梯队必须参与中国足协或地方足协认可的官方赛事或者计划，并且参与国家级、地区级或者区域性的赛事。这些队伍的每 1 名青少年球员必须在俱乐部、地方足协和中国足协注册。

编号	级别	说明
队）04	A	青少年发展计划主管

准入申请者必须指定 1 名青少年发展计划主管负责青训中心的日常行政业务和技术方面的事务。

青少年发展计划主管必须：

1. 中超俱乐部：至少拥有有效的中国足协职业级教练员证书；

中甲俱乐部：至少拥有有效的中国足协 A 级教练员证书。

2. 通过中国足协相关的培训、教育课程，并取得相应资质。

青少年发展计划主管必须在中国足协正式注册。

青少年发展计划主管的聘任必须经过准入申请者的合法机构通过合法程序做出（如董事会会议、股东会会议等）。

编号	级别	说明
队）05	A	梯队教练资质要求

1. 训练顾问团队：具有亚足联或中国足协核准颁发的职业级证书的技术顾问 1 人，具有亚足联或中国足协核准颁发的体能教练员证书的体能顾问 1 人，具有亚足联或中国足协核准颁发的守门员教练员证书的守门员顾问 1 人；

2. 预备队：具有 A 级以上教练员证书的教练员 1 人，具有 B 级以上教练员证书 2 人；

3. U17 精英梯队：具有 A 级以上教练员证书的教练员 1 人，具有 B 级以上教练员证书的教练员 2 人，具有 C 级以上教练员证书的教练员 2 人；

4. 培训网点教练员：所有培训网点的专职教练员必须具有 C 级以上教练员证书；教练员必须在中国足协正式注册，教练的任命必须经过准入申请者的合法机构通过合法程序做出。

编号	等级	说明
队）06	A	球员的体检
		准入申请者应当为其所有球员（职业队、精英梯队）每年提供不少于1次的常规身体健康体检。

编号	级别	说明
队）07	A	教练员签订的书面合同
		所有准入申请者的各级队伍教练员应按照国家有关法律及国际足联、亚足联、中国足协有关条款与准入申请者签订书面合同。
		合同应提交准入批准方备案。
		准入申请者应依法为各级队伍教练员缴纳社会保险和医疗保险。
		准入申请者应按合同约定，及时足额向各级队伍教练员支付工作报酬。

编号	级别	说明
队）08	A	职业球员签订的书面合同
		所有准入申请者的职业球员必须按照国际足联、亚足联、中国足协颁布的球员身份和转会制度有关条款与准入申请者签订书面合同。具体合同条款应参照中国足协制定的示范文本。
		合同应提交准入批准方备案，并由职业联赛主管签字生效。
		准入申请者应依法为职业球员缴纳社会保险和医疗保险。
		准入申请者应按合同约定，及时足额向职业球员支付工作报酬。

编号	级别	说明
队）09	A	与精英梯队球员签订的培训合同
		所有准入申请者的精英梯队球员必须按照国际足联、亚足联、中国足协有关条款与准入申请者签订培训合同。

编号	级别	说明
队）10	A	宗教信仰自由和种族平等
		准入申请者在足球活动中必须遵守国家法律规定的宗教信仰自由和种族平等的相关法律、法规和政策。

编号	级别	说明
队）11	B	学习《竞赛规则》和《纪律准则》，尊重裁判和比赛官员
		在获准进入赛季的前一年，准入申请者的职业队队长、主教练或者助理教练至少应参加过1次由中国足协举办的对《竞赛规则》和《纪律准则》进行的宣讲培训。

（三）基础设施标准

目标

1. 准入申请者拥有 1 座软硬件达标的体育场作为正式比赛场地，向观众和媒体代表提供装备精良、设备齐全且安全舒适的场馆。

2. 准入申请者必须为其球员提供适当的训练设施。

编号	等级	说明
设）01	A	俱乐部主体育场 准入申请者必须拥有一座可为相关赛事使用的体育场。准入申请者可以： 1. 拥有体育场； 2. 提供与体育场所有者签订的 3 年以上的体育场使用合同。 中超联赛体育场还必须符合亚足联主办赛事所使用的体育场的特别规程中明确提及的要求。 体育场必须经中国足协认可。

编号	级别	说明
设）02	A	体育场—认证（参见《职业联赛体育场标准》） 该体育场必须获得有关建筑、安保、消防和灯光检测单位的认证。 认证的内容至少包含下列信息： 1. 体育场结构的安全状况和改善措施； 2. 符合相关安全法规； 3. 关于整个球场容量（独立座椅、露天阶梯看台和总数）的批准情况； 4. 灯光检测证书； 5. 安保策略。 有关认证文件应每 3 年更新一次。
设）03	A	体育场—观众区 按照当地政府主管部门的规定，体育场内的每一个看台都可以被分割成不同的部分。
设）04	A	体育场—经批准的突发事件预案和撤离计划 每个俱乐部必须协同当地政府主管部门（当地公安机关、当地医院、消防队、武警等）根据相关法律、法规和政策制定突发事件的撤离预案和计划，确保体育场内的观众在紧急情况下可以安全、迅速、有序的撤离现场。

编号	级别	说明
设）05	A	训练基地 准入申请者必须拥有具备全部产权或控股权或不少于十年使用权的训练基地和设施。 准入申请者应具备：

编号	级别	说明
设）05	A	训练基地

1. 拥有训练基地；或
2. 提供 1 份与训练基地所有者签订 10 年以上使用权的书面合同。
该合同必须保证训练基地在准入申请者获得参赛资格的赛季能够满足球队使用。

编号	级别	说明
设）06	A	训练设施

训练基地须有球队生活、学习、训练设施。
建有 4 块以上标准草坪训练场，其中 1 块场地配置可进行
晚间训练的简易灯光。
健身设备齐全的健身房。

编号	级别	说明
设）07	A	青少年发展计划的训练设施

准入申请者必须根据俱乐部的青少年发展计划提供符合要求的训练设施。
训练设施至少包括如下内容：
1. 户外训练设施；
2. 室内训练设施；
3. 更衣室；
4. 医疗室。

编号	级别	说明
设）08	B	体育场—基本规则的公示

每个体育场都必须制定并发布体育场基本规则，并在体育场范围内进行公示。规则应包括如下信息：
1. 入场权利；
2. 活动取消或延期；
3. 禁止内容，例如，禁止投掷异物、使用违禁物品、使用粗言秽语、种族歧视、宗教信仰自由等；
4. 关于酒、烟花、横幅等方面的限制；
5. 座位规则；
6. 因违规被驱逐离场的原因；
7. 体育场的风险分析。

编号	级别	说明
设）09	C	体育场—路标和指示

所有体育场内部和外部的公共指示标志必须以国际通行的象形语言进行设立。
1. 必须在体育场的通道和四周提供明确的、全面的路标，以覆盖整个体育场，指向通往不同区域的道路。

续表

编号	级别	说明
设）09	C	体育场—路标和指示 2. 门票必须明确指明座位的位置。门票上的信息必须与体育场内外提供的路标信息相关联一致。 3. 颜色编码的门票将有助于入场程序，而且保留的票根必须包含就引导入场观众的信息。必须为观众提供大型挂图作为指南。
设）10	C	体育场—残疾观众 准入申请方必须制定安全的招待残疾观众和陪同人员的规定。

（四）财务标准

目标

1. 改善俱乐部的经济和财务能力；

2. 增加俱乐部运营的透明度和可信度；

3. 保护债权人的合法权益；

4. 确保联赛的持续性；

5. 监控俱乐部财务，保证比赛公平竞争。

编号	级别	说明
财）01	A	维持球队运转和发展的经费 准入申请者应达到如下经费要求： 中超俱乐部：所有者权益 3000 万元人民币以上； 中甲俱乐部：所有者权益 1500 万元人民币以上。 俱乐部青少年经费： 中超俱乐部不低于 400 万元人民币/年； 中甲俱乐部不低于 200 万元人民币/年。

编号	级别	说明
财）02	A	年度财务报表 准入申请者须按照国家有关会计制度制作年度财务报表并经过合法审计。如果准入申请者对任何子公司及附属机构具有实际控制权，则应向准入批准方提供其实际控制的子公司及附属机构的合并财务报表。 （一）资产负债表 关于资产负债表的特别要求： 1. 列明与球员转让有关的应收、应付账款； 2. 列明来自集团实体和相关方的应收、应付账款。 投资应包含对子公司、联合控制实体和联营公司的投资。关于对子公司、联合控制实体和联营公司的投资，应披露下列信息：

编号	级别	说明
财）02	A	年度财务报表

1. 名称；

2. 公司或者办事处注册地；

3. 实体业务/经营的类型；

4. 所有者权益的比例；

（二）损益表

关于损益表（或收入报表）的特别要求应列明：

收入：

1. 门票收入；

2. 赞助和广告；

3. 转播权；

4. 商业收入；

5. 其它经营收入；

支出：

1. 销售/材料的成本；

2. 员工福利支出；

3. 折旧及摊销；

4. 固定资产减值；

5. 其他经营支出。

其他：

1. 处置资产的收入/损失；

2. 财务费用；

3. 税项支出；

4. 税后利润或亏损。

损益表的最低信息要求还包含下列要求：

（1）对球员注册（转会）费用摊销和其它无形资产摊销应单独披露。

（2）球员注册（转会）费用减值应单独披露。

（3）球员转入转出的收入和支出应单独披露。

（三）现金流量表

现金流量表应当与其他财务报表一并使用。可以从报表中评估一个实体的净资产/负债的变化、财务结构（包括其流动性和偿付能力）及其管理现金流的金额和时机以适应不断变化的环境和机会的能力。

现金流量表应以管理层认为最合适的方法分别按照经营、投资、融资活动分类报告当前财务年度（及与上一财政年度对比）的现金流量。

现金和现金等价物的组成部分应被披露，并且须核对现金流量表和资产负债表所报告的同等项目的金额。

（四）年度财务报表的附注

年度财务报表应系统地提交附注。出现在资产负债表、损益表和现金流量表上的每个项目都应相互参照附注中的任何相关信息。

续表

编号	级别	说明
财）02	A	年度财务报表

附注披露内容的最低要求如下：

1. 会计政策

对财务报表的编制基础和重大会计政策摘要使用。

2. 如果准入申请者受到一个母公司的控制，其母公司可以被另一个母公司控制或者它对任何其它子公司拥有控制权或者对任何其它伙伴具有重大影响的，任何与上述相关公司之间的交易必须在财务报表的注释中予以披露。

3. 控制方

当报告实体被另一方控制时，必须披露相关方的关联情况和名称，并必须披露最终控制方。如果报告实体的控制方或最终控制方处于不被知晓的状态，则这个事实应予以披露。无论控制方和报告实体之间是否发生任何交易，该信息都应予以披露。

4. 关联方交易

如果在此期间关联方之间存在交易，报告实体应披露关联方关系的性质，以及关于在此期间交易和期末未偿还余额的信息。披露必须至少包括：

（1）交易的金额；

（2）未偿还余额的金额与：

其条款和条件，包括是否安全，以及在协议中要提供的酬金的性质；及给予或者获得的任何抵押、担保的细节；

（3）关于未偿还余额的呆账的规定；

（4）关于相关方应收呆坏账在此期间所确认的费用。

（5）已抵押的资产和所有权保留的资产

披露所有权有限制（如共有等）以及作为负债或者担保的抵押品所抵押的物业、厂房和设备的存在和金额。

（6）或有负债

报告实体应为每类在截止日期发生的或有负债披露或有负债性质的情况的简介，以及制定出可行的：

a. 对其财务影响的评估报告；

b. 涉及任何流出的金额和时间的不确定性的说明；

c. 任何偿还的可能性。

（7）其它披露

任何未在资产负债表、损益表或现金流量表中出现的额外信息应当进行披露。

编号	级别	说明
财）03	A	不存在由转会活动或因参赛引起的逾期应付账款

准入申请者必须证明其不存在由转会活动引起的在申请准入的赛季前一年12月30日前应支付的逾期账款（例如，国际足联或体育仲裁法庭做出的最终裁决，中国足协仲裁委员会、中国足协纪律委员会或国内有关司法机构做出的最终裁决或判决）。

准入申请者必须证明其不存在拖欠体育场租金、管理、安保等费用。

编号	级别	说明
财）04	A	不存在对员工和税务机关的逾期应付款项
		准入申请者必须证明，在对现任和前任员工（包括适用《国际足联球员身份和转会规程》的所有职业球员、总经理、财务主管、安保官、新闻官队医、理疗师、职业队的主教练、职业队的助理教练、青少年发展计划主管和青少年队教练）的合同方面，不存在准入申请者赛季前一年12月30日前对员工和税务机关应付的逾期款项。
财）05	A	准入批准决定前必须做出书面陈述
		准入申请者应向准入批准方提交一份书面陈述。
		书面陈述应说明是否出现任何有重大经济影响的事件，该事件可能在经审计的年度财务报表编制之后对准入申请者的财务状况有不利影响。

（五）法律标准

编号	级别	说明
法）01	A	关于遵守《中国足球协会章程》和签署参加比赛的承诺
		准入申请者应遵守《中国足球协会章程》，并签署《俱乐部公平竞赛公约》和《俱乐部参赛承诺书》。

编号	级别	说明
法）02	A	来自准入申请者的其它文件和确认
		准入申请者必须提交下列文件（所有复印件上均必须加盖申请者公章及骑缝章）：
		1. 准入申请者的公司章程的复印件，如有变更的，则必须在变更生效之后的15日之内提交变更后的复印件；
		2. 俱乐部的企业法人营业执照副本复印件、税务登记证复印件、组织机构代码证书复印件；
		3. 俱乐部公章和授权代表的签字样式。

编号	级别	说明
法）03	A	准入申请者资金来源合法
		准入申请者的股东，不得以博彩等可能影响公平竞赛的行为为营业范围或资金来源。

编号	级别	说明
法）04	A	俱乐部的所有权和控制权
		准入申请者应提交书面文件说明俱乐部的所有权结构和控制机制。
		涉及俱乐部的管理、行政、体育成绩的任何自然人或法人都不可直接或者间接的：

续表

编号	级别	说明
法）04	A	俱乐部的所有权和控制权 1. 持有或者交易参与同样赛事的其它俱乐部的证券或股份； 2. 持有参与同样赛事的任何其它俱乐部的大部分股东投票权； 3. 拥有任命或者开除参与同样赛事的任何其它俱乐部的行政、管理或者监督机构成员的权利； 4. 参与同样赛事的任何其它俱乐部的股东，并根据与有关俱乐部的其它股东的协议独自控制大部分该俱乐部的投票权； 5. 参与同样赛事的任何其它俱乐部的会员； 6. 涉及参与同样赛事的任何其它俱乐部在管理、行政、体育成绩方面的职位； 7. 拥有参与同样赛事的任何其它俱乐部在管理、行政、体育成绩方面的权力。

编号	级别	说明
法）05	B	俱乐部内部的纪律处分程序 准入申请者应当提交一份有效的俱乐部纪律处罚规则，该规则符合国内法律和国际足联、亚足联及中国足协的章程、规则和规程。

编号	级别	说明
法）06	C	球员和官员的行为准则 建议准入申请者为球员和官员制订行为准则，它应符合国内法律和国际足联、亚足联和中国足协的章程、规则和规程。

编号	级别	说明
法）07	C	法律官员 建议准入申请者任命 1 名法律人员（全职或兼职）负责处理其活动中的法律事务。 法律顾问应拥有必要的法律资质或者资格。

第三章　准入审查程序

一、准入批准方

（一）准入批准方的定义

1. 中国足协是准入批准方。

2. 准入批准方负责管理准入体系，成立相应的准入机构并确定必要的程序。

3. 准入批准方将按照本细则的相关规定实施并开展相关工作，并将该细则按照规定的程序提交给亚足联管理部门评审。

4. 准入批准方保证对在进行准入审查过程中获得的所有信息保密。

（二）准入管理部门

1. 中国足协职业发展与监管部为中国足协的准入管理部门。

2. 准入管理部门职责包括：

（1）准备、实施和进一步发展并完善俱乐部准入体系；

（2）为决策机构提供行政支持；

（3）在赛季期间协助、咨询和监控准入持有者；

（4）负责与亚足联及其它成员协会的准入部门之间的联络，并且与它们分享专业知识；

（5）决定是否可以授予准入。

3. 所有涉及准入程序的人员将严格遵守关于准入程序中接受到的信息的保密规则。

二、审查程序

（一）初审机构：中国足协会员协会

1. 参加下一赛季职业联赛的俱乐部，应当在每年12月5日之前，向其所在地中国足协会员协会（省级或地市级足协，以下简称"地方足协"）申请注册，并报送准入申请材料。

每年12月5日之前，未向其所在地地方足协申请注册的，视为退出下一赛季职业联赛。

2. 地方足协对俱乐部申请材料进行初步审核，并于12月25日前完成。材料齐全的，向俱乐部出具同意注册函；材料不齐全的，书面告知俱乐部，在俱乐部补齐相关材料后，12月31日前向俱乐部出具同意注册函。不予批准注册的，书面告知俱乐部审查意见并说明理由。

（二）审核批准机构

准入申请者在次年1月15日前，将准入申请材料、地方足协的同意注册函和省级体育主管部门确认函上报中国足协。中国足协职业发展与监管部进行审核，决定是否可以授予准入。

如遇重大问题，提请中超联赛委员会、中甲联赛委员会讨论决定。

（三）申诉受理机构

1. 申诉受理机构是中国足协仲裁委员会。

2. 以下单位可以提出申诉：

（1）被初审机构拒绝的准入申请者；

（2）被审核批准机构拒绝的准入申请者；

（3）被撤销准入的准入持有者。

3. 申诉应在收到审查意见后5个工作日内书面提出。仲裁委员会根据初审机构做出的决定和由准入申请者或准入批准方所提供的证据及其书面申诉书，在收到申诉后20个工作日内作出裁决。

4. 仲裁委员会以裁决书形式说明拒绝或接受准入，并说明相应理由。

5. 仲裁委员会工作程序和方式，由其工作规则规定。

三、初审机构、审核批准机构、申诉受理机构的成员要求

（一）至少拥有1名有资质的律师和1名审计师。

（二）初审机构的成员不应同时属于准入批准方的其他工作部门，且必须公正的履行其职责。

（三）仲裁委员会的成员不可以同时属于准入批准方的其它部门或委员会。

（四）机构的成员必须遵守保密规则。

（五）机构的成员不应与准入申请者有任何关联或者利益冲突，否则应回避。

（六）以下情况，成员应回避：其家庭成员（配偶、子女、父母、兄弟姐妹）是准入申请者的（包括但不仅限于）：

1. 成员

2. 股东

3. 商业伙伴

4. 赞助商

5. 顾问

6. 实际控制人等

四、决策程序

（一）截止日期：准入申请者应在每年 12 月 5 日前向地方足协提交申请。

（二）准入批准机构平等对待准入申请各方。

（三）准入申请者可以委托代理人或代理机构出席有关会议及办理相关事务。

（四）准入申请者有参加仲裁委员会庭审的权利，准入申请者有参与现场检查的权利。

（五）如遇特殊情况，准入申请的截止日期可以延长，由中超、中甲联赛委员会集体讨论决定。

（六）对审查结果有异议的，准入申请者应在收到审查意见后 5 个工作日内书面提出申诉。

（七）经申诉后获得准入的，可以顺延办理中国足协管辖范围内相关注册手续时间（国际足联、亚足联规定时间除外）。

（八）证据的形式要求：仲裁申诉的证据应符合仲裁委员会工作规则要求。

（九）准入申请者有义务证明其有关材料的真实合法性。

（十）审查结论和仲裁裁决均以书面形式做出。

（十一）申诉书的内容和形式应符合仲裁委员会工作规则要求。

五、准入

（一）准入应依照《中国足球协会职业联赛俱乐部准入条件和审查

办法》和本实施细则进行审查和批准。

（二）每一赛季前，准入批准方将向有关的职业足球俱乐部发出启动新赛季准入申请程序的通知，准入申请者应分别向准入的初审机构和准入批准方提交一份书面申请。在这份申请中，俱乐部应说明其将承担职业联赛体系的有关责任和义务。

（三）中国足协于1月31日前做出是否批准注册及获得参赛资格的决定。不予批准注册及获得参赛资格的，书面告知俱乐部审查意见并说明理由。

（四）只有在规定的截止日期前满足设定的标准，达到联赛成绩要求的俱乐部，方可获得参加新赛季职业联赛以及亚足联俱乐部赛事的准入。

（五）准入在以下情况下自动过期，不予通知：

1. 其生效的赛季已结束；

2. 所在相关级别的联赛解散；

3. 俱乐部因违反国家法律、法规或者被取消注册资格。

以下情况下，准入可以在赛季期间被撤销：

由于任何原因，准入持有者在赛季期间按照相关法律规定进入破产、清算程序（准入持有者虽然已进入破产、清算程序，但经过中国足协特别批准的机构或者组织提供担保或者保证能确保继续运行的，准入可暂时不被撤销）。

（六）如中国足协撤销某一个俱乐部的准入，将上报亚足联。

（七）如果中国足协撤销了一个俱乐部的准入，该俱乐部将可能被亚足联相关机构从当前的亚足联赛事中除名。

（八）准入资格不可转让。

（九）中国足协保留依据中国足协赛事规程和《中国足协纪律准则及处罚办法》等相关规定，处罚一个俱乐部或者将其从国内赛事中除名的权利。

（十）中国足协纪律委员会根据审核批准机构的审核结果对未达到"B"级标准的俱乐部进行处罚。

六、评估程序

（一）在本准入实施细则中，准入批准方规定了人事标准、球队建设标准、基础设施标准、财务标准和法律标准，并依此决定是否批准准入申请者准入。

（二）评估程序包括：

1. 申请和材料提交；

2. 书面材料审核、实地检查等程序；

3. 向准入批准方提交书面声明书；

4. 准入批准方按程序评估。

（三）准入批准方按程序平等对待所有准入申请者。

第四章　准入申请材料

一、俱乐部组织结构（人力资源）

（一）俱乐部注册的工商行政管理部门加盖年检戳记的企业法人营业执照复印件；

（二）商标注册信息；

（三）质量技术监督部门加盖年检戳记或标识的组织机构代码证复印件；

（四）俱乐部法定代表人合法身份证明；

（五）俱乐部法定代表人无违法犯罪记录保证书；

（六）俱乐部章程（载明保证不存在不正当交易、与其它俱乐部不存在关联关系等情形）；

（七）俱乐部股权结构及股东情况；

（八）俱乐部股东和高级管理人员（董事、监事、总经理）保证本人及其近亲属未入股其他俱乐部，未在其他俱乐部任职的承诺书；

（九）俱乐部工作人员未在其他俱乐部任职或兼职的承诺书；

（十）俱乐部组织结构及各部门职责（应包括财务、办公、经营、技术、竞赛、青少年、新闻、球迷、安保等部门）；

（十一）俱乐部高级管理人员和部门负责人名单及资质证明；

（十二）俱乐部内部管理制度（俱乐部人员行为规范、俱乐部纪律处罚制度等）。

二、球队建设

（十三）省级体育主管部门确认函；

（十四）省级体育主管部门确认的职业球员名册；

（十五）俱乐部与职业球员、职业球队教练组成员、青少年后备梯队教练组成员及其他工作人员签订的劳动合同；

（十六）俱乐部及其职业球员、职业球队教练组成员、青少年后备梯队教练组成员和其他工作人员社会保险参保缴费证明；

（十七）三级甲等医院出具的职业球员年度体检报告；

（十八）职业球队教练组名册（含 1 名职业级主教练、至少 1 名 B 级助理教练、队医）；

（十九）职业球队教练组成员资质证明；

（二十）省级体育主管部门确认的青少年球员 3 年发展计划和 5 年发展规划（主要内容包括：现状分析、未来目标、手段和措施等）；

（二十一）俱乐部青少年后备梯队球员名册

1. 精英梯队：预备队（18 岁以上）、U17 队（每队不少于 25 人）的球员名册；

2. 培训网点梯队 U10—U17 的布局报告；

3. 与其他单位共建后备梯队的，还需提供相应文件。

（二十二）俱乐部与精英梯队球员签订的培训合同；

（二十三）精英梯队球员学籍所在学校县（市）级教育行政部门出具的球员完成义务教育或正在进行义务教育的学籍证明；

（二十四）三级甲等医院出具的精英梯队球员年度体检报告；

（二十五）青少年后备梯队教练组名册（含 1 名 A 级主教练、至少 1 名 B 级助理教练、队医）；

（二十六）青少年后备梯队教练组成员资质证明。

三、基础设施

（二十七）体育场所有权或使用权协议；

（二十八）体育场平面图，基础设施明细；

（二十九）体育场质量检测合格证书；

（三十）体育场灯光检测证书；

（三十一）体育场所属地公安消防安全检查证明；

（三十二）训练基地所有权或 10 年以上使用权协议；

（三十三）训练基地平面图，基础设施明细；

（三十四）训练基地质量检测合格证书；

（三十五）训练基地所属地公安消防安全检查证明；

（三十六）办公场所使用协议及必要的办公设备。

四、财务管理

（三十七）俱乐部税务登记证副本及复印件；

（三十八）俱乐部注册地有税务部门印鉴的俱乐部及工作人员完税证明；

（三十九）会计师事务所或审计事务所等法定验资机构出具的验资报告；

（四十）俱乐部财务人员资质证明；

（四十一）俱乐部财务工作和管理制度及执行情况总结；

（四十二）注册会计师签发的上一年度俱乐部审计报告（中超俱乐部，所有者权益应为 3000 万元人民币以上；中甲俱乐部，所有者权益应为 1500 万元人民币以上）；

（四十三）青少年后备梯队经费预算；

（四十四）俱乐部按时支付员工（包括俱乐部工作人员、球员、教练组成员）工资及奖金、体育场租金、管理、安保等费用的证明；

（四十五）俱乐部保证接受中国足协指定的会计师事务所进行审计

和财务检查的承诺书。

五、参赛条件

（四十六）俱乐部签署的《俱乐部公平竞赛公约》和《俱乐部参赛承诺书》；

（四十七）俱乐部对所提供材料真实性的声明；

（四十八）地方足协同意注册函。

附录4　中国足球协会职业联赛俱乐部准入条件和审查办法

2011 年 11 月 16 日

第一章　总　则

第一条　为了规范中国足球协会职业联赛俱乐部的管理，加强中国足球职业化建设，提高中国足球水平，依据国家有关法律法规及《中国足球协会章程》等规定，结合我国职业足球改革的实际情况，制定本办法。

第二条　本办法所称中国足球协会职业联赛俱乐部（以下简称"俱乐部"），是尊重并遵守《中国足球协会章程》，获得中国足球协会（以下简称"中国足协"）批准参加中国足协职业联赛、具有独立法人资格的公司。

第三条　中国足协职业联赛由中国足协主办，包括中国足协超级联赛（以下简称"中超"）和中国足协甲级联赛（以下简称"中甲"）。

第二章　准入条件

第四条　俱乐部的组织结构应当符合下列要求：

（一）根据《中华人民共和国公司法》和中国足协相关规定，制定俱乐部章程，建立健全现代企业制度，完善组织机构；

（二）以博彩等可能影响公平竞赛的行业为营业范围或资金来源的投资方，不得成为俱乐部股东；同一投资方不得同时成为两家及两家以上俱乐部的股东。任何自然人或法人不得以任何手段和方法控制一家以上俱乐部或对决策产生重大影响；

（三）俱乐部及其股东、高级管理人员和近亲属不得入股其他俱乐部，不得管理其他俱乐部事务，工作人员不得在其他俱乐部任职或兼职；

（四）俱乐部法定代表人无违法犯罪记录，无不良社会影响；

（五）保证不存在、不参与任何影响公平、公正比赛的不正当交易，包括双方之间、多方之间直接与间接的以及显性与隐性的不正当交易；

（六）根据工作需要，设置必要的工作机构，配备必要的办公设施，聘用必要的工作人员；

（七）制定管理制度和工作人员行为规范。

第五条 俱乐部应当按照下列要求进行球队建设：

（一）加强运动员、教练员及工作人员思想道德、遵纪守法和精神文明的教育，自觉接受社会和公众的监督；

（二）拥有职业球队，并组建教练组（教练员数量和资质应符合联赛规程的具体规定）。职业球员应当在中国足协办理注册手续，其数量应当符合中国足协的规定；

（三）成立青少年球员训练中心，聘任青少年发展计划主管，组建精英梯队（预备队[18岁以上]、十七岁以下队[即U17队，每队不少于25人]）和符合球队发展需要的教练组，并制定青少年球员发展规划；

俱乐部应当以学校为依托，积极建设10至17岁以下（即U10—U17）各年龄段的培训网点梯队，并争取当地体育部门的支持，与其配合共同培养青少年球员；

俱乐部青少年经费，中超俱乐部每年不低于400万元人民币，中甲俱乐部每年不低于200万元人民币；

（四）保证青少年球员接受义务教育，培养全面发展的高素质体育运动人才；

（五）与教练员、职业球员及其他工作人员签订劳动合同并缴纳社会保险费，与精英梯队球员签订培训合同；

（六）重视球员身体健康，每年为职业球员和精英梯队球员提供身体健康检查。

第六条　俱乐部应当拥有下列基础设施：

（一）符合国家标准和《职业联赛体育场标准》的比赛场；

（二）可用于职业球员和精英梯队球员训练、培训的训练基地；

（三）满足职业联赛实际工作需要的办公场所。

第七条　俱乐部财务管理应当符合下列要求：

（一）遵守国家财务、税务制度，保证良好的财务运行状况；

（二）聘用专职财务人员，建立健全财务工作和管理制度；

（三）中超俱乐部保证所有者权益 3000 万元人民币以上，中甲俱乐部保证所有者权益 1500 万元人民币以上；

（四）按时支付员工工资及奖金、体育场租金、管理、安保等费用；

（五）接受中国足协指定的会计师事务所进行审计和财务检查。

第八条　俱乐部参赛应当符合下列要求：

（一）达到参加职业联赛的比赛成绩要求；

（二）尊重和遵守《中国足球协会章程》和中国足协相关规定，签署并履行《俱乐部公平竞赛公约》及《俱乐部参赛承诺书》。

第三章　准入审查程序

第九条　要求参加下一赛季职业联赛的俱乐部，应当在每年 12 月 5 日之前，向其所在地中国足协会员单位（省级或地市级足协，以下简称"地方足协"）申请注册，并报送准入申请材料（见附件）。

未按时向其所在地地方足协申请注册的，视为退出下一赛季职业联赛。

第十条 地方足协对俱乐部的申请材料进行审核。

材料不齐全的,地方足协自收到该申请之日起5个工作日内书面通知俱乐部补正。材料齐全并符合相关规定的,地方足协于12月31日前向俱乐部出具同意注册函。

不同意注册的,地方足协书面告知俱乐部并说明理由。

第十一条 地方足协将俱乐部申请材料及同意注册函报当地省级体育主管部门备案,获得确认函。

第十二条 俱乐部于第二年1月15日前,将准入申请材料、地方足协同意注册函和省级体育主管部门确认函上报中国足协。

第十三条 中国足协以书面材料审核、实地检查等形式进行审查,并对俱乐部法定代表人进行社会公示。如法定代表人存在违法犯罪记录或不良社会影响的,应向有关部门进一步调查核实后研究决定。

第十四条 中国足协于1月31日前做出是否批准注册及获得参赛资格的决定。不予批准注册及获得参赛资格的,书面告知俱乐部审查意见并说明理由。

第十五条 俱乐部对审查结果有异议的,应于收到审查意见后5个工作日内,向中国足协书面提起申诉,并附相关证据。

中国足协仲裁委员会根据《中国足球协会仲裁委员会工作规则》受理俱乐部申诉,并于收到申诉后20个工作日内做出裁决。

第四章 附 则

第十六条 新升入中甲联赛的乙级俱乐部,应当在2年内达到本办法的要求。新升入中超联赛的中甲俱乐部,应当在1年内达到本办法的要求。

在上述缓冲期结束后仍未达到本办法要求的,不予批准注册,不能获得该级别联赛参赛资格。

第十七条 中国足协其他已经颁布施行的规程、办法、规定等,内容与本办法不一致的,均以本办法为准。

第十八条 本办法自发布之日起施行。

附录5　中国足球协会职业联赛俱乐部准入申请材料

（2011 年 11 月 16 日）

一、俱乐部组织结构

（一）俱乐部注册的工商行政管理部门加盖年检戳记的企业法人营业执照复印件；

（二）商标注册信息；

（三）质量技术监督部门加盖年检戳记或标识的组织机构代码证复印件；

（四）俱乐部法定代表人合法身份证明；

（五）俱乐部法定代表人无违法犯罪记录保证书；

（六）俱乐部章程（载明保证不存在不正当交易、与其它俱乐部不存在关联关系等情形）；

（七）俱乐部股权结构及股东情况；

（八）俱乐部股东和高级管理人员（董事、监事、总经理）保证本人及其近亲属未入股其他俱乐部，未在其他俱乐部任职的承诺书；

（九）俱乐部工作人员未在其他俱乐部任职或兼职的承诺书；

（十）俱乐部组织结构及各部门职责（应包括财务、办公、经营、技术、竞赛、青少年、新闻、球迷、安保等部门）；

（十一）俱乐部高级管理人员和部门负责人名单及资质证明；

（十二）俱乐部内部管理制度（俱乐部人员行为规范、俱乐部纪律处罚制度等）。

二、球队建设

（十三）省级体育主管部门确认函；

（十四）省级体育主管部门确认的职业球员名册；

（十五）俱乐部与职业球员、职业球队教练组成员、青少年后备梯队教练组成员及其他工作人员签订的劳动合同；

（十六）俱乐部及其职业球员、职业球队教练组成员、青少年后备梯队教练组成员和其他工作人员社会保险参保缴费证明；

（十七）三级甲等医院出具的职业球员年度体检报告；

（十八）职业球队教练组名册（含一名职业级主教练、至少一名 B 级助理教练、队医）；

（十九）职业球队教练组成员资质证明；

（二十）省级体育主管部门确认的青少年球员 3 年发展计划和 5 年发展规划（主要内容包括：现状分析、未来目标、手段和措施等）；

（二十一）俱乐部青少年后备梯队球员名册

1. 精英梯队：预备队（18 岁以上）、U17 队（每队不少于 25 人）的球员名册；

2. 培训网点梯队 U10—U17 的布局报告；

3. 与其他单位共建后备梯队的，还需提供相应文件。

（二十二）俱乐部与精英梯队球员签订的培训合同；

（二十三）精英梯队球员学籍所在学校县（市）级教育行政部门出具的球员完成义务教育或正在进行义务教育的学籍证明；

（二十四）三级甲等医院出具的精英梯队球员年度体检报告；

（二十五）青少年后备梯队教练组名册（含一名 A 级主教练、至少一名 B 级助理教练、队医）；

（二十六）青少年后备梯队教练组成员资质证明。

三、基础设施

（二十七）体育场所有权或使用权协议；

（二十八）体育场平面图，基础设施明细；

（二十九）体育场质量检测合格证书；

（三十）体育场灯光检测证书；

（三十一）体育场所属地公安消防安全检查证明；

（三十二）训练基地所有权或十年以上使用权协议；

（三十三）训练基地平面图，基础设施明细；

（三十四）训练基地质量检测合格证书；

（三十五）训练基地所属地公安消防安全检查证明；

（三十六）办公场所使用协议及必要的办公设备。

四、财务管理

（三十七）俱乐部税务登记证副本及复印件；

（三十八）俱乐部注册地有税务部门印鉴的俱乐部及工作人员完税证明；

（三十九）会计师事务所或审计事务所等法定验资机构出具的验资报告；

（四十）俱乐部财务人员资质证明；

（四十一）俱乐部财务工作和管理制度及执行情况总结；

（四十二）注册会计师签发的上一年度俱乐部审计报告（中超俱乐部，所有者权益应为3000万元人民币以上；中甲俱乐部，所有者权益应为1500万元人民币以上）；

（四十三）青少年后备梯队经费预算；

（四十四）俱乐部按时支付员工（包括俱乐部工作人员、球员、教练组成员）工资及奖金、体育场租金、管理、安保等费用的证明；

（四十五）俱乐部保证接受中国足协指定的会计师事务所进行审计和财务检查的承诺书。

五、参赛条件

（四十六）俱乐部签署的《俱乐部公平竞赛公约》和《俱乐部参赛

承诺书》；

（四十七）俱乐部对所提供材料真实性的声明；

（四十八）地方足协同意注册函。

附录6　中超足球俱乐部标准（试行）

2002 年 11 月 13 日

为推动中超足球俱乐部建设，促进中超联赛的健康发展，依据《中华人民共和国公司法》，借鉴国际职业足球发展及我国企业改革的成功经验，结合我国职业足球改革的实际，制定本标准。

所有申请参加中超联赛的俱乐部必须执行本标准，并接受中超委员会（或筹备组织）的检查和评定。只有达到本标准要求的俱乐部，方能获得参加中超联赛的资格。

如俱乐部章程与本标准要求不相符合，均应依此调整和修改。

一、实行俱乐部公司制、健全法人治理结构

第一条　俱乐部为企业法人，依照《中华人民共和国公司法》在工商管理部门正式登记为足球俱乐部有限责任公司或足球俱乐部股份有限公司，获得企业法人营业执照。

第二条　俱乐部股东的出资必须经过法定机构的验资和评估，足额缴纳出资额。

第三条　股东以其出资或股权承担责任，并享有资产受益、重大决策、选择管理者的权利。

第四条　股东资产所有权与俱乐部法人资产所有权分离，股东不能无偿占有或支配俱乐部的有形或无形资产。所有权与经营权分离，股东

不能干预俱乐部经营活动。

第五条 俱乐部股份有限公司建立股东大会、董事会、监事会，俱乐部有限责任公司建立股东会、董事会、监事会，依照公司法明确职责。股东较少的俱乐部有限责任公司可不设股东会，其职责由董事会实行。

俱乐部总经理由董事会聘任，明确职责，履行职能，对董事会负责。

形成股东大会或股东会、董事会民主决策，董事会、总经理规范执行，监事会有效监督的法人治理结构。

第六条 俱乐部股东大会或股东会会议、董事会会议、监事会会议，均应形成完整、真实的会议记录，由与会者签名并存档。

第七条 俱乐部应设立独立的办公、财务、技术、经营等工作机构，聘用部门负责人和工作人员，实行独立的人事管理。

第八条 俱乐部要依照中国共产党章程建立党的基层组织。

二、球队健全、设施完善

第九条 俱乐部必须拥有具全部产权的一支参加职业联赛的球队、一支 U-19 球队、一支 U-17 球队、一支 U-15 球队。俱乐部保证青少年运动员完成九年义务教育。

第十条 执教各级球队的教练员必须具备中国足球协会规定的教练员资格。

第十一条 俱乐部必须拥有具全部产权或控股权的训练基地。基地建有球队生活、学习设施，建有 4 块以上标准草坪训练场，其中一块场地配置可进行晚间训练的简易灯光。

第十二条 俱乐部使用的比赛体育场，必须符合《中超体育场标准》的规定。俱乐部应与体育场签订 3 年以上的使用协议。

三、财务状况良好

第十三条 俱乐部年度营业收入 3000 万元以上（不计球员转会收入）；

俱乐部所有者权益 5000 万元以上；

俱乐部不得连续三年亏损，在申请加入中超联赛的当年度必须盈利。

第十四条 俱乐部必须遵守国家财务、税务制度，执行中国足球协会《关于职业足球俱乐部执行"企业会计制度"的规定》，接受法定机构的审计，按时向中超委员会（或筹备组织）提交会计报告和审计报告。

四、遵守中国足协章程

第十五条 俱乐部承认并遵守《中国足球协会章程》。

第十六条 中国足球协会及其会员协会不得入股俱乐部，其工作人员不得在俱乐部任职或兼职。

第十七条 俱乐部之间不得存在关联方关系。俱乐部及其股东、高层管理人员和亲属不得入股其他俱乐部，不得管理其他俱乐部事务，工作人员不得在其他俱乐部任职或兼职。

五、附则

第十八条 本标准解释权属于中国足球协会。